BEI GRIN MACHT SICH WISSEN BEZAHLT

- Wir veröffentlichen Ihre Hausarbeit,
  Bachelor- und Masterarbeit

- Ihr eigenes eBook und Buch -
  weltweit in allen wichtigen Shops

- Verdienen Sie an jedem Verkauf

Jetzt bei www.GRIN.com hochladen
und kostenlos publizieren

Christiane Kaiser

Turn-Taking im kulturellen Vergleich

Eine empirische Studie

GRIN Verlag

Bibliografische Information der Deutschen Nationalbibliothek:

Die Deutsche Bibliothek verzeichnet diese Publikation in der Deutschen National-bibliografie; detaillierte bibliografische Daten sind im Internet über http://dnb.d-nb.de/ abrufbar.

Impressum:

Copyright © 2008 GRIN Verlag GmbH
Druck und Bindung: Books on Demand GmbH, Norderstedt Germany
ISBN: 978-3-640-17259-7

Dieses Buch bei GRIN:

http://www.grin.com/de/e-book/115537/turn-taking-im-kulturellen-vergleich

GRIN - Your knowledge has value

Der GRIN Verlag publiziert seit 1998 wissenschaftliche Arbeiten von Studenten, Hochschullehrern und anderen Akademikern als eBook und gedrucktes Buch. Die Verlagswebsite www.grin.com ist die ideale Plattform zur Veröffentlichung von Hausarbeiten, Abschlussarbeiten, wissenschaftlichen Aufsätzen, Dissertationen und Fachbüchern.

Besuchen Sie uns im Internet:

http://www.grin.com/

http://www.facebook.com/grincom

http://www.twitter.com/grin_com

Wissenschaftliche Magisterarbeit zur Erlangung des akademischen Grades

einer Magistra Artium

(M.A.)

Universität Duisburg-Essen

Fachbereich Geisteswissenschaften: Kommunikationswissenschaft

WS 07/ 08

Thema der Magisterarbeit:

„Turn-Taking im kulturellen Vergleich – eine empirische Studie"

<u>Abgegeben am:</u>

16.10.2007

<u>Vorgelegt von:</u>

Christiane Kaiser

10. Fachsemester Kommunikationswissenschaft (MA)

Germanistik

Soziologie

Inhaltsverzeichnis

Abbildungsverzeichnis

Tabellenverzeichnis

1. Einleitung

Emanuel A. Schegloff, Harvey Sacks und Gail Jefferson (1974) gelten als die wichtigsten sowie richtungweisenden Vertreter der Konversationsanalyse und haben sich bereits in den 70er Jahren intensiv mit dem Thema Turn-Taking auseinandergesetzt. Ihr Aufsatz „A Simplest Systematics for the Organization of Turn-Taking for Conversation" legt auf der Basis empirischer Untersuchungen grundlegende Regeln des Sprecherwechsels fest, die noch heute immer wieder von Wissenschaftlern zitiert werden. Weitere empirische Untersuchungen, die zur Spezifizierung des gesamten Systems des Sprecherwechsels beitragen, wurden bis zu Beginn der 90er Jahre verstärkt durchgeführt. Im Folgenden Zeitraum gibt es kaum noch Literatur, auf die man zurückgreifen kann. Der Grund hierfür ist mir allerdings unbekannt. Ich kann nur annehmen, dass der Aufwand des Transkribierens von Gesprächsausschnitten auf Videos zu groß war und die Forscher abgeschreckt hat. Dem wirken inzwischen jedoch die Transkriptionssysteme entgegen, die teilweise gratis genutzt werden können. Vollkommen ausgereift sind diese Programme jedoch noch nicht.

Da meine Magisterarbeit sich mit dem kulturellen Vergleich des Phänomens Turn-Taking beschäftigt, ist es mein Ziel, die vor allem von Schegloff, Sacks und Jefferson (1974) aufgestellten Regeln im deutschen und englischen Sprachraum anzuwenden, um zu untersuchen, welche kulturellen Unterschiede es zwischen Deutschland und Großbritannien gibt. Hierbei geht es ausschließlich um die gesprochene Sprache in Alltagsgesprächen und welchen Einfluss unter anderem Intonation, Blick, Körperhaltung und Pausensetzung auf den Prozess des Sprecherwechsels haben. Die grundlegende Frage, die ich mir im Rahmen dieser Arbeit stelle, lautet, ob es bei der Organisation von Sprecherwechseln in Alltagsgesprächen kulturelle Unterschiede gibt und wie diese im Vergleich zwischen Deutschland und Großbritannien ausfallen.

Bevor ich mit den empirischen Untersuchungen beginne, werde ich auf die theoretischen Grundlagen des Sprecherwechsels eingehen. Hier beziehe ich mich hauptsächlich auf die Klassiker Emanuel A. Schegloffs, Harvey Sacks´

und Gail Jeffersons, die sich mit den Grundregeln des Sprecherwechsels, dessen Ablauf und mit auftretenden Störungen auseinandersetzen. Die Klärung dieser Begriffe und das Erkennen grundlegender Zusammenhänge dieses komplexen Systems sind Grundvoraussetzung für das Verständnis der anschließenden Untersuchungen.

Nachdem die theoretische Basis für die empirischen Untersuchungen gelegt wurde, werde ich mich mit den Alltagsgesprächen praktisch auseinandersetzen. Als Untersuchungsgrundlage nutze ich Gesprächsausschnitte aus der deutschen und englischen Fernsehshow „Big Brother", da dieses Material frei zugänglich ist und die Gesprächsteilnehmer in einer für die Teilnehmer der Show relativ neutralen Umgebung auf Video aufgezeichnet wurden.

Mit der Hilfe eines Transkriptionssystems werde ich die im Videoformat aufgezeichneten Gespräche transkribieren und anschließend in Bezug auf Intonation, Pausenlänge, Blickrichtung und weitere Merkmale untersuchen. Abschließend werden die Ergebnisse der deutschen und englischen Gesprächsausschnitte gegenübergestellt und ich werde untersuchen, in welchen Merkmalen es in Deutschland und Großbritannien Ähnlichkeiten gibt und in welchen Bereichen sich der Sprecherwechsel unterscheidet.

Diese empirische Untersuchung ist wichtig, da der interkulturelle Kontakt und Austausch ein großer Bestandteil der modernen Welt sowie der fortschreitenden Globalisierung ist. Mit meinen Untersuchungen im Rahmen der Magisterarbeit möchte ich dazu beitragen, dass es zwischen den Kulturen weniger kommunikationstechnische Missverständnisse gibt, um das interkulturelle Zusammenleben und Arbeiten harmonischer zu gestalten und die Fallibilität der Kommunikation auf ein Minimum zu reduzieren.

2. Kommunikationswissenschaftlicher Aspekt

Dieser kommunikationswissenschaftliche Beitrag beschäftigt sich ausschließlich mit der gesprochenen Sprache. Es geht um die verbale und nonverbale zwischenmenschliche Kommunikation, an der mindestens zwei Individuen beteiligt sind. Es wird untersucht, wie der Sender den Empfänger durch bestimmte Regeln des Turn-Taking steuern und beeinflussen will und wie Sender und Empfänger mit diesen Regeln in verschiedenen Kulturen umgehen. Diese Untersuchungen basieren auf den Methoden der Konversationsanalyse. Das heißt, im ersten Schritt werden bereits vorhandene Daten und Hypothesen gesammelt, im zweiten Schritt wird überprüft, ob sich die Gesprächsteilnehmer an den zuvor aufgestellten Hypothesen orientieren und ob sie ihre Erwartungen und Handlung daran ausrichten. Abschließend wird untersucht, welche Auswirkungen diese Regeln und Hypothesen auf die Strukturierung des Sprecherwechsels haben. (vgl. Levinson 1994)

Ich habe es mir zum Ziel gesetzt, die Struktur und Funktionsweise des Sprecherwechsels als einen Bestandteil der zwischenmenschlichen Kommunikation mit der Hilfe theoretischer und empirischer Methoden zu untersuchen, um die interkulturelle Kommunikation zu vereinfachen und zu verbessern.

3. Konversationsanalyse

Die Konversationsanalyse untersucht die Organisation sowie den Ablauf von Alltagsgesprächen und dessen Sprecherwechsel. Hierbei gehen Schegloff, Sacks und Jefferson (1974) als richtungweisende Vertreter der Konversationsanalyse insbesondere auf das Phänomen des Turn-Taking ein, welches den Kern dieser Analyse bildet. Ihr Forschungsziel ist es, die Struktur, die einerseits vorgegeben ist andererseits jedoch lokal gelenkt wird, zu erkennen, damit Alltagsgespräche ohne fehlerhafte Überschneidungen und Überlappungen ablaufen können.

Stephen C. Levinson (1994) beschreibt die Konversationsanalyse in „Pragmatik" als eine empirische Vorgehensweise, denn die hier erlangten wissenschaftlichen Erkenntnisse werden überwiegend durch das Verfahren der Induktion gewonnen. Die Einzelphänomene werden schlussfolgernd zusammengefasst, indem man von vielen Einzelfällen auf das Allgemeine schließt. Im Fall der Konversationsanalyse heißt das, dass Alltagsgespräche ausgewertet und auf Gemeinsamkeiten untersucht werden. Insbesondere wird beobachtet, welche Auffälligkeiten beim Sprecherwechsel hervorstechen und wie häufig sich diese in verschiedenen Gesprächen des Alltags wiederholen. Der Wortwechsel zwischen den Gesprächsteilnehmern wird ständig nach immer wieder auftretenden Mustern abgesucht, damit keine voreiligen Schlüsse aus einigen wenigen Daten gezogen werden. Bevor eine Theorie entsteht, muss diese durch umfangreiches Daten- und Untersuchungsmaterial bewiesen werden. Auf diese Weise möchte man eine überstürzte Bildung von Theorien vermeiden und aus dem vorhandenen Datenmaterial werden nur Schlüsse gezogen, die mit Beweisen belegt werden können. (vgl. Levinson 1994)

In den folgenden Kapiteln gehe ich auf die theoretischen Einzelheiten der Konversationsanalyse ein und werde damit eine wissenschaftliche Grundlage für das Verstehen des Phänomens Turn-Taking beziehungsweise den Sprecherwechsel schaffen. Es wird sich zeigen, dass die Konversationsanalyse aus vielen kleinen einzelnen Fakten besteht, die zusammengefügt ein komplexes Gebilde ergeben, das noch weiter erforscht werden muss. Denn nur so können wir verstehen, wie der Sprecherwechsel in Alltagsgesprächen so geordnet ablaufen kann.

4. Begriffserklärung
4.1 Kommunikation

Lenke, Lutz und Sprenger (1995) beschreiben den Begriff Kommunikation in „Grundlagen sprachlicher Kommunikation" als einen Prozess zum Austausch beziehungsweise zum Übertragen von Informationen. Kommunikation verfolgt somit das Ziel, Informationen zu übermitteln und auszutauschen. Dieses Mitteilen der Informationen und Zeichen bildet den zentralen Aspekt von verbaler und nonverbaler Kommunikation. Als nonverbale Kommunikation werden hier Mimik und Gestik aufgeführt, während die verbale Kommunikation als ein Kommunikationsprozess, basierend auf der menschlichen Sprache beschrieben wird.

Da dieser Prozess noch äußerst statisch und einseitig erscheint, erweitern wir ihn auf die interaktive Kommunikation. Der Sender teilt dem Hörer etwas mit, anschließend empfängt der Hörer diese Nachricht und reagiert darauf. Es kommt somit zu einer wechselseitigen Beziehung, in der für diese Arbeit nur der Wechsel der Redner interessant ist und wie diese Übergänge des Rednerwechsels gestaltet werden. Gerold Ungeheuer (1987) nennt diese interaktive Kommunikation kommunikative Interaktion, dessen Grundformen die sozio-perzeptive Kommunikation beziehungsweise der sozio-perzeptive Kontakt, die nonverbale Kommunikation sowie die verbale Kommunikation sind. Die sozio-perzeptive Kommunikation beruht auf den Erfahrungen, die jeder Einzelne bisher gemacht hat. Diese Erfahrungen, die Ungeheuer (1987) als individuelle Welttheorie beschreibt, werden mit der Handlung verknüpft. Das heißt, dem Sender wird vom Empfänger eine bestimmte Handlung beziehungsweise ein bestimmtes Handlungsziel, basierend auf der individuellen Welttheorie des Empfängers, unterstellt. Der Sender übermittelt somit eine Information und der Empfänger interpretiert diese anschließend entsprechend seiner eigenen bisher gemachten Erfahrungen. Ausschließlich auf der Basis der Schnittmenge der bisher von beiden gemachten Erfahrungen ist zu erkennen, wann der Sprecher zum Beispiel eine Redepause zum Nachdenken macht oder eine Lücke lässt, damit jemand anderes das Wort ergreifen kann (vgl.

Ungeheuer 1987). Ungeheuer (1987) beschreibt den sozio-perzeptiven Kontakt wie folgt:

„Ein Gespräch zwischen zwei Menschen beschränkt sich nicht auf das notwendige kommunikative Tun. Vielmehr wird vom ersten Wahrnehmungskontakt an, der den jeweils anderen in seiner Erscheinung präsentiert, eine Einschätzung und Beurteilung der gesamten Person aufgebaut, die zwischen den beiden Kommunikationspartnern eine Beziehung zugrunde legt, welche auch ohne jede kommunikative Aktion hätte zustande kommen können." (Ungeheuer 1987, S.322)

Bei Gerold Ungeheuer (1972) geschieht die verbale oder auch sprachliche Kommunikation

„... durch gesprochene oder geschriebene Rede zwischen Individuen, die sich in ständigem Prozedieren innerer Handlungen befinden, - und nicht durch Überreichen semantisch-einschichtig kodierter, gesprochener oder geschriebener Texte, die zu dekodieren sind. Das Kommunikationsziel wird zu erreichen versucht, indem die Kommunikationspartner nach den Regeln des Kommunikationssystems auf mehreren inneren Ebenen prozedieren" (Ungeheuer 1972, S.21)

Wobei wir uns nur auf die gesprochene Sprache konzentrieren, da der Sprecherwechsel hier besonders interessant erscheint. Er ist einerseits spontan und individuell, andererseits aber auch gelenkt durch Regeln und Normen. Die nonverbale Kommunikation, die eng mit der verbalen Kommunikation verbunden ist, bezeichnet Ungeheuer (1983) als „...die Gesamtheit aller derjenigen Kommunikationshandlungen, die keine Sprechhandlungen sind." (Ungeheuer 1983, S.2). Allerdings muss auch nonverbale Kommunikation über eine Intention verfügen, bevor man sie Kommunikation nennen darf. Ungeheuer (1983) drückt das wie folgt aus: „es sind Lösungen praktischer Probleme, wobei das gesetzte Ziel darin besteht, dem Partner ein Wissen zukommen zu lassen." (Ungeheuer 1983, S.2)

Diese Arbeit beschränkt sich auf die Face-to-Face Kommunikation und deren Rednerwechsel. Für die Teilnehmer an einem Gespräch ist es wichtig, dass diese über einen Erfahrungsschatz verfügen, der sich überschneidet. Nur so kann es auf der Grundlage gemeinsamer Erfahrungen und gemeinsamen

Wissens zur Verständigung zwischen den Kommunikationspartnern kommen. In dieser Arbeit stelle ich mir die Frage, ob sich die Kommunikation und explizit der Sprecherwechsel in den verschiedenen Ländern unterscheiden und wenn es Unterschiede gibt, welche es sind. Des Weiteren ist interessant, ob diese kulturellen Unterschiede starken Einfluss auf das Zusammentreffen von Menschen verschiedener Kulturen haben.

4.2 Alltagsgespräche

Das Alltagsgespräch bildet die Untersuchungsgrundlage im empirischen Teil dieser Arbeit, da die untersuchten Gespräche aus Alltagssituationen der Gesprächsteilnehmer stammen. Alltagsgespräche sind weniger an Normen gebunden als formalisierte Gespräche wie mündliche Prüfungen oder Gerichtsverhandlungen. Die Gesprächsteilnehmer agieren miteinander, gehen aufeinander ein und passen sich während des Gesprächs an das soziale Umfeld an.

Hans Ramge (1987) schreibt in „Alltagsgespräche", dass der Bereich, in dem Alltagsgespräche stattfinden, vom sozialen Bezugsfeld jedes Einzelnen abhängt. Bereich beschreibt hier den Abschnitt, in dem der einzelne Mensch lebt und in dem er seine alltäglichen Erfahrungen sammelt. Der Alltag eines jeden Individuums entsteht demnach aus der Einbindung in die gesellschaftlichen Institutionen.

Ramge (1987) beschreibt Alltagsgespräche auf folgende Weise:

„Unter „Alltagsgesprächen" verstehen wir sprachliche Interaktionen in den Interaktionssituationen, die den sozialen Räumen der Gesprächsteilnehmer angehören. In den von (fast) allen Mitgliedern unserer Gesellschaft erfahrenen sozialen Räumen (Familie und berufliche Tätigkeit, Dienstleistungsbereich, der Bereich sozialen Verkehrs, der der Herstellung und Aufrechterhaltung sozialer Kontakte dient) gelten diejenigen sprachlichen Interaktionen als „Alltagsgespräche", die ohne weitere biographische Bedeutung für den einzelnen routinemäßig geführt werden." (Ramge 1987, S. 21)

Alltagsgespräche beziehungsweise deren sprachliche Äußerungen basieren auf

Handlungen. Das bedeutet laut Gerold Ungeheuer (1972), dass sprachliche Äußerungen in Gesprächen intentional, zielgerichtet und geplant sind. John R. Searle (1983) unterteilt diese Äußerungen in den Äußerungsakt, Propositionalen Akt, Illokutionären Akt und Perlokutionären Akt.

Der Äußerungsakt (Lokution) bezieht sich ausschließlich auf die Äußerung der Wörter und Wortketten, ohne weiterführende Gedanken einzubeziehen und ohne die Absicht kommunizieren zu wollen. Der Propositionale Akt macht dahingegen auf etwas aufmerksam, verfolgt mit seiner Äußerung aber nicht unbedingt ein Ziel. Aus diesen Gründen lasse ich diese beiden Teile des Searle'schen Sprechaktes in meinen Betrachtungen außen vor. Man sollte allerdings bedenken, dass der Äußerungsakt sowie der Propositionale Akt ein Bestandteil des Illokutionären und des Perlokutionären Aktes sind, da sie dessen Grundlage bilden.

Illokutionärer sowie Perlokutionärer Akt sind intentional und verfolgen somit ein Ziel, wodurch Gespräche, wie bereits beschrieben, zu einer Handlung werden. Will der Sprecher den Hörer nur über einen bestimmten Sachverhalt informieren, handelt es sich um einen Illokutionären Akt. Soll aber zusätzlich noch eine Änderung im Verhalten des Hörers herbeigeführt werden, spricht man von einem Perlokutionären Akt. Diese beiden Akte der Searle'schen Sprechakttheorie sind grundlegend für die Untersuchungen des Turn-Taking anhand von Alltagsgesprächen. Nur wenn hinter den Äußerungen in Gesprächen eine Intention steckt, kommt es zu einem Sprecherwechsel, da sonst niemand zu einer Handlung oder Reaktion auf das vom Sprecher Kommunizierte aufgefordert werden würde. (vgl. Searle 1983)

Im Rahmen dieser Arbeit beschränke ich den Begriff Alltagsgespräch auf Unterhaltungen zwischen zwei oder mehreren Gesprächsteilnehmern, die sich in ihrer Art und Weise täglich wiederholen oder wiederholen können. Es sind Gespräche, die sich bezüglich ihrer Organisation an kein strenges Regelwerk halten müssen, aber dennoch ohne große Probleme funktionieren. Interessant ist, wie der Sprecherwechsel organisiert ist und sich innerhalb des Gesprächs selbst regelt.

4.3 Turn-Taking

Gespräche setzen sich aus einzelnen Turns, dem gesamten Gesprächsabschnitt eines Sprechers, zusammen. Diese können in ihrer Länge von nur einem Wort bis zu mehreren Sätzen variieren. Die Grundeinheit eines Turns bilden die Turn Constructional Units (TCU), von denen auch die Länge des Turns abhängt. Nach jedem Unit kann es zu einem vom Sprecher geplanten oder ungeplanten Ende eines Gesprächsschritts kommen und der nächste Sprecher beginnt zu reden. Es ist somit zu einem Turn-Taking gekommen. Mit Turn-Taking ist genau dieser Sprecherwechsel innerhalb eines Gespräches gemeint. Erst redet A, dann B und anschließend wieder A.

Um herauszufinden, wie Turn-Taking funktioniert und abläuft, konzentriert man sich bei den Untersuchungen im Rahmen der Konversationsanalyse insbesondere auf die anteilsmäßige Verteilung der Redebeiträge auf die verschiedenen Sprecher, auf die vorkommenden Pausen und Störungen durch zum Beispiel Unterbrechungen, auf die Möglichkeiten, einen Turn zu halten sowie auf den Sprecherwechsel an sich.

Grundvoraussetzung für ein Gespräch ist, dass immer nur eine Person auf einmal spricht, wobei es beim Turn-Taking auch zu einem Moment des Simultansprechens kommen kann. Diese Situation löst sich im Normalfall jedoch umgehend wieder auf. Turn-Taking ist für die Organisation des Gesprächsablaufs zuständig und gilt somit als Merkmal und Bestandteil von Gesprächen zwischen zwei oder mehreren Teilnehmern. Da die Länge und Anordnung der Turns variieren können, sind die Übergänge durch bestimmte Techniken der Turn-Zuteilung geregelt und koordiniert. Diese Techniken variieren jedoch und werden lokal gelenkt. (vgl. Schegloff, Sacks, Jefferson 1974)

Es gibt zwei Möglichkeiten der Turn-Zuteilung in Gesprächen. Entweder der nächste Sprecher wählt sich selbst aus oder der momentane Sprecher bestimmt den nachfolgenden Redner. Hierfür gibt es ein System von Regeln, auf das ich im nachfolgenden Punkt Rule-Set genauer eingehen werde. Hält man sich an die Regeln des Sprecherwechsels, vermeidet beziehungsweise reduziert man Situationen des Simultansprechens, die von den Gesprächsteilnehmern ab einer gewissen Länge als Störung empfunden werden können.

Um den Sprecherwechsel zu verstehen, sind die Strukturen solcher Gespräche und deren Regelwerk interessant.

5. Funktionsweise des Turn-Taking
5.1 Turn-Bildung durch die Vier-Felder-Lehre von Karl Bühler

Voraussetzung für das Funktionieren des Turn-Taking sind einige Regeln, die lokal in den einzelnen Gesprächsschritten gesteuert werden. Ein Gesprächsschritt beginnt laut Liisa Tiittula (1987), „wenn ein Gesprächsteilnehmer zu sprechen beginnt und endet, wenn er aufhört zu sprechen und ein anderer das Sprechen beginnt." (Tiittula 1987, S.6)

Bringt man die Bildung der einzelnen Turns, die sich zu einem Gespräch zusammenfügen, mit Karl Bühler (1999) in Verbindung, stößt man auf seine Vier-Felder-Lehre, die das dritte Axiom in seinem Werk „Sprachtheorie" bildet. Er unterscheidet hier nach subjektsbezogenen und subjektsentbundenen Phänomenen. Zum ersten Phänomen zählen Sprechakt und Sprechhandlung, während Sprachwerk und Sprachgebilde subjektsentbunden sind.

Einer Sprechhandlung geht immer ein Plan voraus, da Handlungen mit einer Intention verbunden sind. Mit der Sprechhandlung bezeichnet die Vier-Felder-Lehre das bereits realisierte, aber vom Hörer noch nicht rezipierte Sprechen. Die Sprechhandlung bezieht sich hierbei auf das Problem, das mit dem Gespräch gelöst werden soll und ist deshalb subjektsbezogen. Subjektsentbunden ist das Sprachwerk, da dieses überindividuell ist. Hiermit meint man das sprachlich Hervorgebrachte, das man zwar hört, aber in noch keinen Zusammenhang mit dem kommunizierten Inhalt bringt. Ebenfalls subjektsentbunden ist das Sprachgebilde, welches die Fähigkeit des Sprechens bezeichnet. Sprachwerk und Sprachgebilde können also als Grundvoraussetzungen gesehen werden, über die jeder Gesprächsteilnehmer verfügen muss. Der abschließende Sprechakt, mit dem wir uns bei John R. Searle (1983) bereits auseinandergesetzt haben, verbindet das Gesagte, also die Sprechhandlung, mit einem Sinn. Dieser Sinn ist subjektsbezogen und ergibt sich aus dem gesamten Kontext und den gegebenen Umständen der Sprechsituation.

Die Vier-Felder-Lehre ist bei jedem einzelnen Turn wieder anzuwenden und wiederholt sich demzufolge nach jedem Turn-Taking. (vgl. Bühler 1999)

5.2 Merkmale des Turn-Taking

Emanuel A. Schegloff, Harvey Sacks und Gail Jefferson (1974) haben in ihrem Aufsatz „A Simplest Systematics for the Organization of Turn-Taking for Conversation" spontane Gespräche auf ihre Merkmale untersucht. Herausgekommen ist dabei eine Liste von vierzehn Eigenschaften, die in jedem spontanen Gespräch zu beobachten sind und ein Alltagsgespräch ausmachen. Laut Schegloff, Sacks und Jefferson (1974) ist in jedem Gespräch folgendes zu beobachten:

1. Der Sprecherwechsel wiederholt sich oder tritt zumindest ein.
2. In den meisten Fällen spricht nur eine Person auf einmal.
3. Simultansprechen kommt vor, ist in der Regel jedoch von kurzer Dauer.
4. Übergänge von einem zum nächsten Turn ohne eine Lücke (GAP) und Überlappung (OVERLAP) sind üblich.
5. Die Reihenfolge der Turns ist nicht festgelegt, sondern variiert.
6. Die Länge der Turns ist nicht festgelegt, sondern variiert.
7. Die Länge des Gesprächs wurde vorab nicht festgelegt.
8. Was die Gesprächsteilnehmer sagen, wurde vorab nicht festgelegt.
9. Die Zuteilung der einzelnen Turns an die Gesprächsteilnehmer wurde vorab nicht festgelegt.
10. Die Anzahl der Gesprächsteilnehmer kann variieren.
11. Das Gespräch kann fortlaufend sein oder unterbrochen werden.
12. Im Gespräch werden Techniken der Turn-Zuweisung genutzt.
13. Es werden verschiedene Turn Constructional Units genutzt, damit Turns je nach Situation nur ein Wort umfassen oder deutlich länger sein können.
14. Es gibt Reparaturmechanismen, die bei Fehlern und Störungen des Sprecherwechsels greifen. Bemerken zum Beispiel zwei

Gesprächsteilnehmer, dass sie zur gleichen Zeit reden, wird einer frühzeitig stoppen. (vgl. Schegloff, Sacks, Jefferson 1974)

Treffen diese vierzehn Punkte zu, handelt es sich um ein Alltagsgespräch, wie es im empirischen Teil untersucht wird.

5.3 Rule Set

Da wir bisher geklärt haben, welche Eigenschaften ein Alltagsgespräch ausmachen und was wir unter Turn-Taking verstehen, gehen wir nun auf die Regeln ein, die den Ablauf des Sprecherwechsels unter den Gesprächsteilnehmern lenken.

Schegloff, Sacks und Jefferson (1974) haben Grundregeln aufgestellt, die sie während ihrer Untersuchungen beobachtet haben. Dieses Rule-Set ist allgemein gehalten und gilt für jedes Alltagsgespräch.

„I. Für jeden Turn gilt an der ersten wechselrelevanten Stelle:

    a) Voraussetzung ist hier, dass der Redebeitrag bisher auf der Verwendung einer Technik basiert, mit der der gegenwärtige Sprecher den folgenden auswählt. Wählt der momentane Sprecher den nächsten Sprecher aus, hat der ausgewählte Gesprächsteilnehmer das Recht und die Verpflichtung, als nächster zu sprechen. Kein anderer hat dieses Recht oder diese Verpflichtung und der Sprecherwechsel erfolgt an dieser Stelle.

    b) Hier verwendet der Sprecher keine Technik der Auswahl des nächsten Sprechers. Hier kann es zu einer Selbstauswahl des nächsten Sprechers kommen. Wer zuerst beginnt, gewinnt das Recht auf den Redebeitrag und der Sprecherwechsel erfolgt an diesem Punkt.

    c) Auch hier verwendet der Sprecher keine Technik der Auswahl des nächsten Sprechers. Hier kann der gegenwärtige Sprecher mit seinem Beitrag fortfahren, sofern niemand anderes versucht, den nächsten Turn für sich zu ergreifen.

II. Ist es am ersten wechselrelevanten Platz zu keinem Wechsel der Sprecher gekommen, sprich 1a und 1b sind nicht eingetreten und es kam somit zu 1c, kommen die Regeln 1a bis 1c an jedem nächsten wechselrelevanten Platz wieder zum Einsatz, bis es zu einem Sprecherwechsel gekommen ist." (Übersetzung aus: Mazeland 1980, S.78)

Diese Regeln zeigen auf, welche Möglichkeiten des Turn-Taking es gibt und nach welchem Schema diese ablaufen. Schegloff, Sacks und Jefferson (1974) gehen in ihrem Rule-Set jedoch nicht darauf ein, woran die wechselrelevanten Stellen, die Transition Relevant Places (TRP) genannt werden, zu erkennen sind und wo diese auftreten können. Außerdem gibt es keine Regelungen in Bezug auf eventuelle Störungen und wie diese behoben werden können.

Damit die Regeln erweitert werden können, müssen die zuvor genannten Merkmale der Alltagsgespräche genauer analysiert werden. Jeder Einzelne dieser vierzehn Punkte nutzt die Regeln auf unterschiedliche Weise. Im Rahmen ihrer Untersuchungen haben Schegloff, Sacks und Jefferson (1974) folgendes herausgefunden:

1. Der Sprecherwechsel wiederholt sich oder tritt zumindest ein.

Allerdings muss es nicht an jedem TRP zu einem Sprecherwechsel kommen, da als Alternative zu den Regeln 1a und 1b, für den Fall dass niemand den Turn ergreift, auch auf Regel 1c zurückgegriffen werden kann.

2. In den meisten Fällen spricht nur eine Person auf einmal.

Das System teilt die einzelnen Turns den einzelnen Sprechern zu. Der Sprecher bekommt vom Beginn seines Turns bis zur erstmöglichen Beendigung des Turns das exklusive Recht zu sprechen. Dieses Recht erneuert sich, wenn Regel 1c eingetreten ist.

3. Simultansprechen kommt vor, ist in der Regel jedoch von kurzer Dauer.

Das Simultansprechen, das bei Schegloff, Sacks und Jefferson (1974) Overlap genannt wird, tritt meistens bei Anwendung von Regel 1b, der Selbstauswahl, auf. Da derjenige im nächsten Turn das Rederecht erhält, der an einem TRP als erstes zu reden beginnt, versucht jeder, der den nächsten Turn ergreifen will, als erstes zu sprechen. Somit ist die Möglichkeit auf einen Overlap enorm groß. Ein Grund für die Kürze von Overlaps ist, dass sie an TRPs vorkommen. An diesen Stellen kann oder sollte der momentane Redner seinen Turn beenden und der nächste beginnt bereits mit seinem Turn. So kommt es zu einer kurzen Überlappung der Beiträge, da die Sprecher eine Lücke vermeiden wollen, die sich aber schnell wieder auflöst.

4. Übergänge von einem zum nächsten Turn ohne eine Lücke (Gap) und Überlappung (Overlap) sind üblich.

Das Rule-Set ermöglicht ein schnelles und problemloses Turn-Taking an den TRPs. Meistens läuft der Übergang zwischen den beiden Turns jedoch nicht vollkommen störungsfrei ab. Häufig kommt es an Übergängen zu kleinen Lücken oder kleinen Überlappungen.

5. Die Reihenfolge der Turns ist nicht festgelegt, sondern variiert.

Die einzelnen Turns werden während des Gesprächs jeweils den Gesprächsteilnehmern zugeteilt, wobei es für jede Zuteilung eine Reihe von Alternativen gibt (Regel 1a bis 1c). Schegloff, Sacks und Jefferson (1974) charakterisieren das System des Turn-Taking als ein Local Management System, da es immer nur den nächsten Turn innerhalb des Gesprächs zuteilt. Die Verteilung der Redebeiträge wird somit lokal kontrolliert und variiert. Allerdings sind die Variationen der Redebeiträge nicht wahllos.

6. Die Länge der Turns ist nicht festgelegt, sondern variiert.

Da die TCUs, aus denen die Turns bestehen, unterschiedlich lang sein können und die Möglichkeit der freien Auswahl durch den Sprecher aus diesen unterschiedlich langen TCUs besteht, kann die Länge der einzelnen Turns variieren. Durch Regel 1c hat man die Möglichkeit, mehr als ein einziges TCU zu produzieren. Somit ist vom System keine maximale Länge der Turns vorgegeben.

7. Die Länge des Gesprächs wurde vorab nicht festgelegt.

Das Turn-Taking System sagt nichts über die Länge und das Beenden eines Gesprächs aus. Es erlegt jedoch Beschränkungen auf, wie das Gesprächsende oder die Gesprächslänge durch das Rule-Set gesteuert werden können. Regel 1a besagt zum Beispiel, es sollte an dieser Stelle zu keinem Ende des Gesprächs kommen. Dies geschieht hier auch selten, da der nächste Redner bereits vom momentanen Redner ausgewählt wurde. Das Beenden eines Gespräches wird intern geregelt.

8. Was die Gesprächsteilnehmer sagen, wurde vorab nicht festgelegt.

Allerdings gibt es einige ritualisierte Abläufe, in denen der Inhalt vorab klar ist. So können First Turns oft Grüße beinhalten und Next Turns den Gegengruß. Der Next Turn wurde somit durch den vorangegangenen Turn inhaltlich beschränkt. Diese Arten von Aussagen nennt man Adjacency Pairs. Hier wird die Aussage des nächsten Sprechers durch den ersten Teil des Adjacency Pairs, wie zum Beispiel den Gruß, eingeschränkt.

9. Die Zuteilung der einzelnen Turns an die Gesprächsteilnehmer wurde vorab nicht festgelegt.

Das Rule-Set von Schegloff, Sacks und Jefferson (1974) maximiert die Anzahl der nächsten potentiellen Sprecher. Mit Regel 1a kann der momentane Redner jeden anderen Teilnehmer als nächsten Sprecher auswählen. Regel 1b erlaubt jedem anderen Gesprächsteilnehmer, außer dem momentanen Sprecher, sich als nächsten Redner selbst auszuwählen. Somit ist jeder Teilnehmer, der momentan nicht spricht, ein potentieller nächster Redner. Im Rahmen von Regel 1c wird der derzeitige Sprecher von der Wahl als nächster Sprecher nicht ausgeschlossen, was ein within-turn-event genannt wird. Auf Grund dieser drei Regeln hat an jedem TRP jeder das Recht als nächster das Wort zu ergreifen.

10. Die Anzahl der Gesprächsteilnehmer kann variieren.

An einem Gespräch können sich mehrere Teilnehmer beteiligen. Die Anzahl dieser Gesprächsteilnehmer kann während des Gesprächs variieren, indem neue Teilnehmer hinzukommen und momentane Teilnehmer aus dem Gespräch ausscheiden. Das Turn-Taking System begrenzt die Anzahl der Teilnehmer nicht, bevorzugt aber eine geringere Zahl. Im Rule-Set werden zwei Sprecher bevorzugt, der momentane und der nächste. Gibt es drei Gesprächsteilnehmer ist einer außen vor, bei vier Teilnehmern werden zwei nicht beachtet. Bei zwei Teilnehmern kann derjenige, der nicht das Wort hat, an jedem nächsten TRP den nächsten Turn besetzen und ist mit Sicherheit der nächste Sprecher. Bei drei Gesprächsteilnehmern hat man diese Sicherheit nicht. Ab vier Teilnehmern gibt es sogar die Möglichkeit, dass sich das Gespräch in mehr als eins spaltet und somit zwei Konversationen nebeneinander laufen.

11. Das Gespräch kann fortlaufend sein oder unterbrochen werden.
Ist das Gespräch fortlaufend, beginnt der nächste Sprecher direkt an einem TRP zu reden oder der momentane Sprecher redet weiter. Hier kann es zu einer minimalen Lücke oder einem minimalen Overlap kommen. Kommt es hingegen zu einer Unterbrechung, stoppt der momentane Sprecher an einem TRP und kein anderer ergreift das Rederecht. Der darauf folgende leere Platz in dem Gespräch bildet keine Lücke, sondern einen Lapse, was ein langes Schweigen an einem TRP ist. Die Möglichkeit eines langen Schweigens erhöht sich an allen TRPs, an denen die Regeln nicht zum Einsatz kommen. Gibt es bei 1a ein kurzes Schweigen, handelt es sich um eine Pause bevor der Ausgewählte zu reden beginnt, aber nicht um ein Lapse. Dieses tritt auf, wenn die Regeln 1a bis 1c nicht erfüllt werden und in einem Durchgang immer wieder durchlaufen werden.

12. Im Gespräch werden Techniken der Turn-Zuweisung genutzt.
Der momentane Sprecher wählt den nächsten Sprecher mit einer adressierten Frage aus oder die Gesprächsteilnehmer wählen sich bei nicht adressierten Fragen selbst aus, indem sie zu reden beginnen.

Adressierte Fragen bilden die Basis für die Auswahl des nächsten Sprechers, wobei ein angesprochener Teilnehmer nicht unbedingt der für den nächsten Turn ausgewählte Sprecher ist. Richtet Person A seine Frage an Person B und wählt ihn als nächsten Sprecher, worauf B seine anschließende Antwort an Person A richtet, dann wurde Person A nicht notwendigerweise von Person B als nächster Sprecher ausgewählt, obwohl diese Person direkt angesprochen wurde.

Nicht-Adressierte Fragen sind Adjacency Pairs, deren First-Pair-Part nicht an jemanden Bestimmtes gerichtet ist. Hier wird durch Fragewörter wie „Where?", „Who?" oder „What?" nur festgelegt, dass es einen Sprecherwechsel geben soll, der aber nicht an eine bestimmte Person als nächsten Redner gebunden ist.

Mit Tag-Questions wie „You know?" oder „Don't you agree?" wählt der momentane Sprecher den nächsten aus. Es handelt sich hier um eine Technik, die auf das Ende eines Turns hinweist und so den Sprecherwechsel einleitet. Diese Technik wird dann angewandt, wenn der Sprecher sich einem TRP nähert, vorher jedoch keine Technik zur Auswahl eines nächsten Sprechers genutzt hat und nun kein anderer den Turn übernimmt. Tag-Questions kommen vor allem vor, wenn die Regel 1c eintritt.

Auch die sozialen Umstände müssen mit einbezogen werden. In einem Gespräch mit zwei Ehepaaren lädt der Sprecher das andere Paar zu einem Film ein. Die Antwort muss von einer Person des anderen Paares kommen, nicht vom Ehepartner des Sprechers.

Unter Starting First versteht man die Basistechnik für die Selbstauswahl unter Regel 1b. Der nächste Redner muss versuchen, hier als erstes das Wort zu ergreifen, wenn er den nächsten Turn ergreifen will. Hierfür werden Appositionen wie „well", „but", „and" und „so" genutzt, die auf den Beginn eines Turns hinweisen. Diese Regelung motiviert jeden, der sich für den nächsten Turn selbst auswählt, so früh wie möglich am nächsten TRP zu starten.

First Starters sind diejenigen, die unter Regel 1b das Prinzip des Starting First anwenden. Der erste Starter ist der einzige Starter, da dieser das Recht hat, den nächsten Turn in diesem Gespräch zu nutzen. In dem Moment, in dem ein selbst ausgewählter Redner zu reden beginnt, gilt die Selbstauswahl als vollzogen. Es kommt oft vor, dass mehrere Sprecher zugleich zu reden beginnen, wobei einer aber meistens klar der Erste ist.

13. Es werden verschiedene Turn Constructional Units genutzt, damit Turns je nach Situation nur ein Wort umfassen oder deutlich länger sein können.

Die Verteilung des Turn Spaces wird innerhalb des Turns in einem Gespräch organisiert. Es gibt mögliche Stellen zur Beendigung der TCUs, die planbar sind bevor sie auftreten. Untersucht man in einem laufenden Turn, in welcher Weise der nächste Sprecher den nächsten Turn beginnt oder versucht zu beginnen, erkennt man, dass diese Starts nicht fortlaufend auftreten, sondern vereinzelt im Verlauf des Turns an den immer wiederkehrenden TRPs. Um herauszufinden, wo solche TRPs im momentanen Turn vorkommen, verweisen Schegloff, Sacks und Jefferson (1974) auf die Possible Completion Points. Diese werden unter anderem mit Hilfe der Intonation und Phonetik kenntlich gemacht. So ist zum Beispiel zu erkennen, ob es sich bei dem Wort „Was" um eine Ein-Wort-Frage handelt oder um den Beginn eines Turns. Auch die dreiteilige Struktur der Turns gibt einen Hinweis auf den nächsten TRP. Die Turns beziehen sich im ersten Teil auf den vorherigen Turn, im mittleren Teil geht es um den Inhalt des Turns, mit dem dieser sich auseinandersetzt und abschließend nimmt er Bezug auf den nachfolgenden Turn. Hält man sich an diese Reihenfolge, erkennt der Hörer, wo sich der nächste TRP befindet. An den TRPs kommt es dann zum Einsatz der Regeln 1a bis 1b. Kommt an einem TRP Regel 1c zum Einsatz, wiederholt sich mit Regel 2 der gesamte Prozess.

14. Es gibt Reparaturmechanismen, die bei Fehlern und Störungen des Sprecherwechsels greifen. Bemerken zum Beispiel zwei Gesprächsteilnehmer, dass sie zur gleichen Zeit reden, wird einer

frühzeitig stoppen.

Da Gespräche äußerst anfällig für Fehler und Störungen sind gibt es Reparatur-Vorrichtungen, bei deren Ausführung Schegloff, Sacks und Jefferson (1974) sich auf drei beschränken. Im ersten Punkt wird auf Unterbrechungen und Beschwerden durch Fragen wie „Who me?" oder Aussagen wie „Excuse me" eingegangen, die zu einem Overlap führen. Auf Grund des Overlap kommt es zu einem frühzeitigen Ende des Turns, was als eine Möglichkeit der Reparatur gesehen werden kann. Die zweite Art der Reparatur beinhaltet die Beendigung eines Overlaps. Hier wird der Turn beendet, bevor dieser ausgeführt wurde, damit der Overlap aufgehoben wird. Diese Art der Reparatur führt zu einer Umformung des Rule-Sets, da 1b und 1c umgangen wurden, indem der nächste Redner einfach in den laufenden Turn eingefallen ist. Im dritten Punkt werden die Reparaturen von anderen als den momentanen Sprechern, die den Fehler gemacht haben, durchgeführt. Hier erfolgt die Reparatur in einem anderen Turn, aber noch im gleichen Gespräch. Die meisten Reparaturen erfolgen jedoch noch im gleichen Turn durch den Verursacher durch zum Beispiel die Korrektur eines Wortes. (vgl. Schegloff, Sacks, Jefferson 1974)

Dieses von Schegloff, Sacks und Jefferson (1974) entwickelte Turn-Taking System ist ein Local Management System sowie ein Interactionally Managed System, das sich mit den einzelnen Übergängen zu einem Zeitpunkt beziehungsweise mit nur zwei Turns beschäftigt, die durch einen einzigen Übergang verbunden sind. Mit diesem System wird immer nur ein einzelner Turn auf einmal zugewiesen, der dann wiederum interaktiv den nächsten Turn zuweist. (vgl. Schegloff, Sacks, Jefferson 1974)

Mit diesen Merkmalen wurden die Regeln durch Schegloff, Sacks und Jefferson (1974) zwar erweitert, aber nicht in ein umfangreicheres und übersichtliches Rule-Set umgewandelt. Ein Ziel der zukünftigen Konversationsanalyse sollte es sein, diese Regeln und Untersuchungsmerkmale in einem gemeinsamen Modell zu verarbeiten.

5.4 Intonation

Neben dem Rule-Set der Turnzuweisung von Schegloff, Sacks und Jefferson (1974) ist auch die Intonation der einzelnen Turns von großer Bedeutung, da die verschiedenen Tonhöhen als turn-haltende und turn-endende Hinweise fungieren. Steigt die Tonhöhe in der Mitte eines TCU, weist der Sprecher darauf hin, dass der Turn am nächsten TRP noch nicht beendet ist und keine Antwort erwartet wird. TCUs in einer hohen Tonlage signalisieren das mögliche Ende des Turns, schaffen aber auch Platz für kurze Antworten wie Einwürfe, die nicht als ganzer Turn gelten. TCUs mit zur Mitte fallender Tonhöhe weisen hingegen auf ein Turnende hin. (vgl. Kern 2007)

Auf diese drei verschiedenen Bewegungen der Tonhöhen geht Friederike Kern (2007) in ihrem Aufsatz „Prosody as a resource in children's game explanation: Some aspects of turn construction and recipiency„ ein. Der final-rising-to-mid pitch deutet auf das Halten des Turns am Ende eines TCU hin und steht für das Verschieben des TRP und Verlängern des Turns durch den Sprecher. Final high rising pitch signalisiert ebenfalls das Halten des Turns, ermöglicht dem Rezipienten aber zusätzlich kurze Antworten oder Reaktionen wie Continuers. Diese Continuers, die das kurze Vervollständigen von Aussagen bezeichnen, gelten für Schegloff (1982) nicht als ganzer Turn, denn sie signalisieren, dass der Rezipient die Aussage verstanden hat und dass der Hörer erkennt, dass der Turn noch nicht beendet ist. Laut Schegloff (1982) zeigen Continuers, dass ein weiteres Unit des Gesprächs noch folgt und bestärken den Sprecher das Gespräch fortzusetzen. Der Falling pitch signalisiert hingegen das Ende eines zusammengesetzten Turns und ermöglicht einen Sprecherwechsel. (vgl. Kern 2007)

Da der Einfluss der Intonation auf das Turn-Taking genauso groß ist wie die von Schegloff, Sacks und Jefferson (1974) aufgestellten Regeln, muss in die empirischen Untersuchungen über den Sprecherwechsel auch die Intonation mit einbezogen werden. Interessant sind hier das Steigen und Fallen der Tonhöhen vor einem TRP und innerhalb eines TCU.

5.5 Nonverbale Äußerungen

„Die Bezeichnung „nonverbale Äußerung" (nonverbal utterance) soll hier zum Ausdruck bringen, daß es sich im nonverbalen Bereich in ähnlicher Weise wie in der Sprechphase um Zeichen handelt, die eine „innere" Bedeutung nach „außen" wenden und auf diese Weise Kommunikation bewirken. Die nonverbalen Äußerungen werden daher grundsätzlich nicht als Begleitphänomene des gesprochenen Dialogs angesehen, sondern als Kommunikationselemente, die mit den sprachlichen Kommunikationselementen im engeren Sinne zusammenwirken und mit ihnen gemeinsam das Gesamtereignis Dialog hervorbringen." (Weinrich 1992, S.95)

Die nonverbalen Äußerungen oder Signale sind ein Bestandteil des gesamten Kommunikationsprozesses und können vom Sprecher als Hinweise für ein bevorstehendes Turn-Taking eingesetzt werden.

Die Beobachtung der Ausdrucksformen der nonverbalen Kommunikation beschränkt sich auf den Bereich des Gesichts (Mimik) sowie den Bereich der oberen Extremitäten (Gestik) (vgl. Heilmann 2002). Zusätzlich wird die Körperpositur, was die Haltung des Oberkörpers beinhaltet, untersucht.

Liisa Tiittula (1987) fasst in „Wie kommt man zu Wort?" Ergebnisse verschiedener Forscher zusammen und unterteilt diese in die Bereiche Blickrichtung und Gestik. Bezogen auf die Blickrichtung ging aus den Untersuchungen von Argyle et al. (1981) hervor, dass Fremde sich viel seltener ins Gesicht schauen, als Menschen, die sich bereits besser kennen. Des Weiteren ist der Blickkontakt intensiver, wenn die Entfernung zwischen den Gesprächsteilnehmer nicht so nahe ist. Sind die Gesprächsthemen besonders intim oder schwierig, wird der Blickkontakt reduziert, beziehungsweise an besonders unsicheren Gesprächsstellen sogar vermieden. Aus den Untersuchungen Wiemanns und Klapps (1975) hat sich ergeben, dass die Zeitspanne, die der Sprecher den Hörer anschaut, von 61% am Anfang des Turns auf 83% am Ende des Turns steigt. Argyle (1975) meint sogar, dass das Ausmaß des auf den Gesprächspartner gerichteten Blicks beim Sprechen durchschnittlich nur 40%, beim Zuhören dagegen 75% beträgt. Für Goodwin

(1981) ist der Hörerblick zu Beginn und Ende eines Turns für den Sprecher wichtig. Schauen sich Sprecher und Hörer während des Gesprächs nicht an, kann es zu langen Wiederholungen, Neuansätze und Pausen kommen. Kendon (1967) fand heraus, dass der Sprecher in den meisten Fällen am Ende eines Turns seinen Blick auf den Hörer richtet beziehungsweise diesen vom Hörer abwendet, wenn der Sprecher den Turn noch nicht abgeben will. Ruhte der Blick des Sprechers am Ende eines Turns auf dem Hörer, verlief das Turn-Taking in 70,6% ohne eine Pause. Verzichtete der Sprecher jedoch auf den Blickkontakt, fiel der Anteil an Übergängen ohne eine Pause auf nur 29,3%. Gesten setzen mit Eröffnung des Turns durch den Sprecher ein und enden mit Abschluss des Turns wieder. Duncan (1972) meint, mit der Beendigung seiner Handgesten weist der Sprecher auf sein Turnende hin. Durch Gesten wie vorbeugen oder zurücklehnen kann während des Sprechens sogar ein neues Thema eingeleitet werden, ohne dass der Hörer in der Pause direkt seinen Turn beginnen will. (vgl. Tiittula 1987)

Die nonverbale Kommunikation ist somit als ein Hilfsmittel des Turn-Taking anzusehen, das den Sprecherwechsel lenken oder sogar verhindern kann. Würden Sprecher und Hörer ohne Mimik und Gestik als Bestandteile der nonverbalen Kommunikation handeln, würde es an den Übergängen zwischen den einzelnen Turns zu langen Pausen oder Überlappungen kommen, die so zwar vermindert, aber nicht vermieden werden können.

5.6 Konsequenzen

Schegloff, Sacks und Jefferson (1974) schlussfolgern in „A Simplest Systematics for the Organization of Turn-Taking for Conversation", dass ein Teilnehmer, der als nächster Redner ausgewählt wurde, sich jede Aussage genau anhören und diese analysieren muss, um unter anderem zu erkennen, ob er als nächster Sprecher ausgewählt wurde und wann er mit seinem Turn beginnen kann oder muss. Jeder Gesprächsteilnehmer der den nächsten Turn ergreifen möchte, richtet seine Aufmerksamkeit auf jede einzelne Aussage des Redners, damit er unter anderem erkennt, ob jemand anderes bereits als nächster Sprecher ausgewählt wurde. Außerdem muss der nächste Redner erkennen, ob es sich um Adjacency Pairs handelt, da er auf diese zu Beginn seines Turns eingehen muss. Der nachfolgende Turn bezieht sich somit auf den vorangegangenen, außer es wurden Techniken angewandt, um für den nächsten Turn einen anderen Beitrag oder ein anderes Thema auszumachen. (vgl. Schegloff, Sacks, Jefferson 1974)

Die Hörer müssen auf der Basis ihrer individuellen Welttheorie die Aussage des Redners interpretieren, damit sie diese verstehen. Das inhaltliche Verständnis in Verbindung mit dem Rule-Set des Turn-Taking und den Hilfsmitteln Intonation, Mimik sowie Gestik ermöglichen den Gesprächsteilnehmern einen glatten Übergang zwischen zwei Turns.

6. Funktionsstörungen des Turn-Taking durch Overlaps
6.1 Unterbrechungen

Unterbrechungen entstehen durch das Eindringen in einen laufenden Turn und können je nach Situation und Ausmaß als störend oder nicht-störend empfunden werden.

Es gibt drei verschiedene Wege, die zu einer Unterbrechung führen können. Wollen mehrere Gesprächsteilnehmer den nächsten Turn ergreifen, kann es zu Beginn des nächsten Turns zwischen den First Starters zu einer Überlappung kommen. Auch ein voreiliger Frühstart des nächsten Redners, während der vorherige seinen Turn noch nicht beendet hat, ist möglich. Diese beiden Arten der Unterbrechung sind meistens nur von kurzer Dauer, da sie sich schnell wieder auflösen. Kommt es jedoch zu einer direkten und forcierten Unterbrechung, gilt diese als kompetitiv und wird vom momentanen Redner als störender Eingriff in dessen Rederecht empfunden. Für wie störend diese Unterbrechung empfunden wird hängt davon ab, ob es sich um ein kurzfristiges Simultansprechen, einen kurzen Einwurf oder eine um den Turn konkurrierende Unterbrechung handelt. Durch das Reden zweier oder mehrerer Gesprächsteilnehmer zum gleichen Zeitpunkt wird gegen die Regel des Rederechts von nur einer Person verstoßen.

Die beste Möglichkeit einen Overlap zu beenden liegt darin, wenn mindestens einer der Simultanredner mit dem Sprechen aufhört, bevor dieser zur Beendigung seines TCUs kommt. So ist zu erkennen, dass der Overlap der Grund für das Stoppen des Turns ist und nicht die Beendigung der Aussage. Welcher der Simultanredner hier seinen Turn vor Abschluss des TCUs abbricht, ist vollkommen egal, da die Auflösung des Overlaps in diesem Moment als das einzige Ziel angesehen wird. (vgl. Schegloff 2000)

Nun stellt sich die Frage, wann wir von einem Overlap reden und ab wann es sich um eine Unterbrechung handelt. Schegloff (2002) schreibt in „Accounts of Conduct in Interaction", dass bei einer Unterbrechung mehr als eine Person auf einmal spricht, dieser Unterbrechung aber meistens ein Overlap voraus geht. Beide Vorkommnisse sind durch das Sprechen von mehr als einem Gesprächsteilnehmer zur gleichen Zeit gekennzeichnet. (vgl. Schegloff 2002)

Ein Overlap ist zwar als ein Eingriff in den Gesprächsablauf zu sehen, jedoch gilt dies nur in einem geringen Maße und geschieht in den meisten Fällen ohne die Absicht einer Störung. Oft beginnt der nächste Redner während der vorherige noch spricht, allerdings hatte der vorherige Redner das Turn-Taking bereits angekündigt und der nächste Redner hat nur etwas zu früh mit seinem Turn begonnen. Unterbrechungen hingegen sind ein Eingriff des Hörers in den laufenden Turn des Redners und verfolgen die Absicht, den anderen nicht ausreden zu lassen, selbst ein Turn-Taking herbeiführen zu wollen und den nächsten Turn zu ergreifen. (vgl. Schegloff 2002)

Schegloff (2000) hat einige Typen des Overlaps ausgeschlossen. Ich werde hier allerdings nur eine Art ausschließen, und zwar wenn mehrere Gespräche gleichzeitig nebeneinander herlaufen, während sie sich im gleichen Raum abspielen. Gibt es zum Beispiel eine Gruppe von vier oder mehr Gesprächsteilnehmern, kann sich das Gespräch spalten, so dass mehrere Gespräche nebeneinander laufen. Diese Gespräche sollten als einzelne Gespräche untersucht werden, auch wenn es sich um eine einzelne Gesprächsgruppe handelt oder gehandelt hat. (vgl. Schegloff 2000)

6.2 Unproblematische Typen des Overlaps

Unterscheiden kann man nach problematischen und unproblematischen Arten des Overlaps. Zu den unproblematischen zählt Schegloff (2000, 2002) die Terminal Overlaps, die Continuers, den Conditional Access to the Turn sowie die Chorals.

Terminal Overlaps sind von äußerst kurzer Dauer und nur vorübergehend. Der nächste Sprecher hat erkannt, dass der momentane Sprecher auf einen Possible Completion Point zusteuert, beginnt aber bereits vor dem endgültigen Abschluss des vorherigen Turns zu reden. Ein Terminal Overlap gilt als eine minimal und flüchtig ausgeführte Überschneidung zweier Aussagen.

Continuers bezeichnet die Aussagen, mit denen ein Zuhörer den momentanen Sprecher mit einem „mh" oder „ah" unterbricht. Diese werden ebenfalls nicht als störend empfunden, da die unterbrechenden Teilnehmer nur zeigen wollen, dass sie den Inhalt verstanden haben oder dem Sprecher zustimmen. Der unterbrechende Redner weiß, dass der momentane Sprecher seine Aussage noch vervollständigen will und lässt ihn das auch tun.

Mit Conditional Access to the Turn ist gemeint, dass der momentane Sprecher eines noch nicht beendeten Turns einem anderen Redner das Eindringen erlaubt oder dass er einen Zuhörer zum Sprechen innerhalb dieses Turns einlädt. Dies tritt am ehesten bei der Suche nach einem bestimmten Wort durch den momentanen Redner auf, indem die Rezipienten zur Suche nach dem richtigen Ausdruck aufgefordert werden oder wenn ein Teilnehmer eine Aussage beginnt und einem anderen anbietet diese zu beenden. Voraussetzung ist hier, dass die anderen Gesprächsteilnehmer den Sprecher in seiner Aufforderung unterstützen. Dieser Eingriff in den laufenden Turn wird aber auch nur so lange als nicht störend wahrgenommen, wie der momentane Redner diesen eindringenden Turn erlaubt.

Mit Chorals sind gemeinsame Lacher, ein kollektives Grüßen oder von zwei oder mehreren ausgesprochene Gratulationen gemeint. Diese, einem Gesang eines Chors gleichenden Aussagen, gelten als einvernehmlich und nicht konkurrierend.

An dem Punkt, an dem der nächste Redner seinen zu einem Overlap führenden Turn startet, handelt er sachgemäß in Bezug auf seine Rechte und Pflichten. Er unterbricht den momentanen Redner nicht, während dieser seinen Turn noch nicht beendet hat, sondern versucht, den nächsten Turn zu starten, ohne dass eine Pause entsteht. Auch dem momentanen Sprecher ist hier nichts vorzuwerfen, da er seinen Turn zum Ende bringt, ohne diesen erweitern zu wollen und ohne dem nächsten Redner den nächsten Turn wegnehmen zu wollen. Die allgemeine Regel, dass man niemanden unterbrechen soll, wurde somit nicht missachtet. (vgl. Schegloff 2000)[1]

6.3 Problematische Typen des Overlaps

Zu den problematischen Typen des Overlaps zählen Unterbrechungen, in denen um den nächsten Turn konkurriert wird. Da der momentane Redner in seinem Redefluss gestört und am Ausreden gehindert wird, kommt es zu einem Konkurrenzkampf, der als problematisch eingestuft wird.

Overlaps sind ein Ort für zwei Arten von Störungen, die Hitches und Perturbations genannt werden (vgl. Schegloff 2000). Hitches bezeichnen einen kurzzeitigen Stillstand des Gesprächs und bei Perturbations kommt es zu merklichen Abweichungen vom prosodischen Charakter der Aussprache innerhalb eines Gesprächs. Diese Störungen arbeiten mit Hilfsmitteln wie steigender Lautstärke und Tonlage sowie zunehmender oder abnehmender Geschwindigkeit. Weitere Mittel sind ein plötzlicher Cut Off, meistens in Verbindung mit einem glottalen, labialen, dentalen oder anderem oralen Stopp, der Wiederholung einer vorherigen Aussage oder der Dehnung des nächsten Tons. Diese Abweichungen können alle miteinander kombiniert werden. Man wird zum Beispiel lauter, weil man den nächsten Turn für sich ergreifen will und versucht so, den anderen zu übertönen und zieht seine Worte dabei in die Länge. (vgl. Schegloff 2000)

Gail Jefferson (1984) beschreibt zwei Typen von Hitches, das Schweigen in der Mitte eines Turns und das Stottern. Das Schweigen in der Mitte eines Turns entsteht unter anderem durch das Beobachten oder Überprüfen einer eigenen Aussage, die zuvor in einem Overlap fehlgeschlagen ist. Diese Wiederholungen treten meist direkt nach der Beendigung des Overlaps auf. Die dauerhafte Stille vor der Wiederholung gilt als besonders problematisch, da sie für die entstandene Mehrdeutigkeit der überlappenden Aussage verantwortlich sein

---

[1] vgl auch: Schegloff 2001 und Jefferson 1984

kann. Das Stottern kommt sehr viel seltener vor als das Schweigen. An diesen Stellen stammelt der Sprecher häufig sich wiederholende Aussagen und der nächste Sprecher beginnt einfach seinen nächsten Turn. (vgl. Jefferson 1984)

Hitches und Perturbations können als Hinweise für aufkommende Probleme gesehen werden, die im Gespräch auftreten. Zum Beispiel weisen Stille und Stillefüller oder das Stottern in Mitten einer Aussage häufig auf Stellen hin, die ursprünglich nicht der Beendigung eines laufenden Turns dienen sollten. (vgl. Schegloff 2002)

6.4 Ablauf eines Overlaps

Bei einem Overlap sprechen, ungeachtet der Regel, dass immer nur einer nach dem anderen spricht, dennoch zwei Gesprächsteilnehmer zur gleichen Zeit. Einer muss sich nun entscheiden, den Turn abzugeben und den anderen reden zu lassen. Entsteht dessen ungeachtet doch wieder ein Overlap, wird dieser Vorgang als konkurrierend bezeichnet. Kommt es zu diesem Konkurrenzkampf um den nächsten Turn, wenden die beiden Anwärter auf den nächsten Turn die Hilfsmittel der Hitches und Perturbations an. (vgl. Schegloff 2000)

Laut Schegloff (2000) kann die erste Phase eines Overlaps mit einem einfachen Simultansprechen beginnen. Der Sprecher eines momentanen Turns kann auf Grund des Körperverhaltens oder anderen turnhinweisenden Merkmalen erkennen, ob jemand einen Turn starten will oder nicht. Beginnt man dann schneller zu reden, ist es, als ob man dem nächsten Redner keinen Platz für einen neuen Turn bieten will. Wird der Redefluss jedoch langsamer, weist der momentane Sprecher auf einen anstehenden TRP hin, in dem der nächste Redner das Anrecht auf den Turn hat. Wird der Overlap nicht beendet und beide Simultansprecher wollen den nächsten Turn für sich haben, wird der Overlap als eine Störung wahrgenommen und die Lautstärke steigt zum Beispiel an, damit der andere Redner übertönt und unterdrückt wird. Ein sehr lauter Redebeitrag ist innerhalb eines Overlaps als konkurrierend zu sehen. Hier kommen nun die gesamten Hilfsmittel der Hitches und Perturbations wie die Tondehnung, die Cut Offs sowie die Wiederholungen zum Einsatz. Der Redner, der sich zum Schluss durchgesetzt hat, passt seine Hilfsmittel zur Turnergreifung nun wieder an den normalen Gesprächsverlauf an und aus dem konkurrierenden Turn wird wieder ein normaler Turn eines einzelnen Sprechers. (vgl. Schegloff 2000)

6.5 Auflösung eines Overlaps

Viele Overlaps lösen sich bereits nach einem einzigen Ton durch den Rückzug von einem oder beiden Simultanrednern auf. Sogar die konkurrierenden Overlaps, die den ersten Ton überlebt haben, enden meistens direkt nach diesem ersten Ton. Die Auflösung eines Overlaps geschieht in den meisten Fällen durch die Beendigung des Simultanredens durch den Redner, der den Konkurrenzkampf um den Turn nicht begonnen hat. Die ersten Anzeichen eines Wettkampfes erscheinen häufig im zweiten oder dritten Ton des Overlaps. Konsequenz daraus ist, dass in den meisten Fällen nach dem dritten Ton nur noch eine Person redet. Will sich keiner der Simultanredner zurückziehen, können Overlaps sehr lange anhalten. (vgl. Schegloff 2002)

Nach dem ersten Ton des Simultansprechens muss jeder Teilnehmer entscheiden, wie er zu diesem Overlap steht. Entweder er tritt den Rückzug an, indem er aufhört zu reden oder er fährt als einzelner Redner fort und kämpft somit um den nächsten Turn. Außerdem gibt es die Möglichkeit, gegeneinander um den nächsten Turn zu konkurrieren. Hier muss jeder einschätzen, welche Stellung der andere Simultanredner einnimmt und reagiert beim nächsten Ton dementsprechend mit den Mitteln des Rückzugs, Fortfahrens oder Konkurrenzkampfes.

Nach Beendigung des Overlaps kann man laut Schegloff (2000) von drei Typen des Erfolgs oder drei verschiedenen Zielen reden. Zum einen gibt es Simultanredner, die am Überleben in einem Turn interessiert sind und ihr eigenes Anliegen zum geplanten Ende bringen wollen. Andere Teilnehmer eines Overlaps scheinen nicht am Überleben in einem Turn interessiert zu sein sondern nur daran, den eigenen Beitrag zum geplanten Ende zu bringen. Und zwar nur so weit, dass die angestrebte Aussage inhaltlich zu erkennen ist, ohne diese komplett ausgeführt zu haben. Und dann gibt es noch Teilnehmer, die den Turn eines anderen Gesprächspartners unterbrechen, um einen nachfolgenden inhaltlichen Punkt vorab anzudeuten oder sogar vorwegzunehmen. Hier bezieht sich der eingeworfene Beitrag somit nicht, wie es üblich ist, auf einen vorangegangenen Turn, sondern auf einen nachfolgenden, noch nicht produzierten. (vgl. Schegloff 2000)

Abschließend kann man sagen, dass nicht jeder Overlap gleichzeitig eine Unterbrechung ist. Ab wann ein Overlap als störend empfunden wird, hängt vom eigenen Störungsempfinden des einzelnen Gesprächsteilnehmers ab, da jeder seine Umwelt anders wahrnimmt, was unter anderem von den unterschiedlichen kulturellen Einflüssen abhängt. So ist es für die impulsiven Spanier normal, dass einem ständig jemand ins Wort fällt und in den skandinavischen Ländern gilt dies eher als störend und unhöflich. Der Grad zwischen unproblematischem und problematischem Overlap ändert sich in den Gesprächen und hängt unter anderem von der Art der Beziehung zwischen den Gesprächsteilnehmern und der persönlichen Toleranz gegenüber dem Hineinsprechen in fremde Turns ab.

7. Reparatur-Mechanismen des Turn-Taking

Innerhalb eines Turns kann die vom Redner produzierte Aussage Fehler enthalten, die anschließend berichtigt werden. Aussagen können präzisiert und Verständnisprobleme seitens des Rezipienten geklärt werden. Die Korrekturen können in zwei Kategorien unterteilt werden - die Selbst- und die Fremdkorrektur.

Gail Jefferson (2007) beschreibt in ihrem Aufsatz „Preliminary notes on abdicated other-correction" verschiedene Arten der Korrektur. Zuerst gehe ich auf drei Möglichkeiten der Selbstkorrektur ein. Post-Self-Correction Repeat beschreibt die Selbstkorrektur des eigenen Fehlers, die anschließend vom Rezipienten wiederholt wird. Der Rezipient zeigt so, dass er keine andere Berichtigung anbieten will, da er die Aussage richtig verstanden hat und überlässt dem Sprecher die Korrektur damit selbst. Beim Corrective Monitoring bietet der Rezipient dem Sprecher keine Korrektur an. Hier ist ihm bewusst, dass der Redner einen Fehler gemacht hat. Er kennt die korrekte Aussage und erlaubt dem Redner, den Fehler selbst zu erkennen sowie ihn zu berichtigen. Die Selbstkorrektur im nächsten Turn kommt zum Beispiel vor, wenn vom vorherigen Sprecher eine Aussage gemacht wurde und der Rezipient diese nicht verstanden hat oder auf einen Fehler hinweist. Hier hat der Sprecher im nächsten Turn die Gelegenheit, das Verständnisproblem zu beheben oder den Fehler zu berichtigen. (vgl. Jefferson 2007)

Schegloff (2006) unterscheidet die Selbstkorrektur innerhalb eines Turns nochmals in drei Varianten. Das ist der Austausch gegen die Berichtigung („Ich habe- ich hatte Geburtstag."), das nachträgliche Einfügen der Berichtigung in den laufenden Turn („Meine Kollegen- meine zwei Kollegen haben Kuchen mitgebracht.") sowie das Löschen vorangegangener Aussagen („Im Buchladen gab es gar nichts- die hatten keine Kunstbände."). (vgl. Schegloff 2006)

Bei der Fremdkorrektur unterscheiden wir nur zwei Typen. Während der Immediate Other-Correction, also der sofortigen Korrektur durch den

Rezipienten, fällt der Hörer direkt in den Turn ein, um seine Korrektur einzufügen. Die Abdicated Other-Correction tritt besonders dort auf, wo zu erkennen ist, dass der Sprecher sich nicht von alleine berichtigen kann. Hier muss der Rezipient, der über das Wissen und vielleicht auch die Verantwortung der Korrektur verfügt, den Sprecher in seiner Aussage berichtigen. Diese Korrektur erfolgt in den meisten Fällen im nächsten Turn. (vgl. Jefferson 2007)

Die Korrekturen der Aussagen sind von enormer Wichtigkeit, da so Kommunikationsstörungen vorgebeugt und der Kommunikationserfolg zwischen den Kommunikationsteilnehmern gesichert wird. Werden Fehler, die zu Missverständnissen führen können, nicht behoben, können diese zu Störungen im gesamten Kommunikationsprozess führen.

8. Datenmaterial
8.1 Kriterien zur Auswahl des Datenmaterials

Bei der anfänglichen Frage, ob ich auf vorhandenes Material zurückgreife oder selbst Gespräche aufzeichne, habe ich mich für die erste Methode entschieden, da diese weniger zeit- und kostenintensiv ist. Hier muss kein Filmequipment angeschafft werden und man braucht keine freiwilligen Gesprächsteilnehmer, die erst lernen müssen, die Kameras zu ignorieren, damit die Gesprächssituation einem Alltagsgespräch möglichst nahe kommt. Letztendlich habe ich mich für die Reality Show „Big Brother" entschieden, da diese in Form von DVDs zugänglich ist und einem Alltagsgespräch in einer natürlichen Umgebung am nächsten kommt. Laut Ramge (1978) sind Alltagsgespräche den Bereichen des Menschen zuzuordnen, in denen er lebt und seine alltäglichen Erfahrungen sammelt. Da das Leben in dieser, von der Produktionsfirma zusammengestellten, Gemeinschaft für die Teilnehmer dieser Reality Show in diesem abgesteckten Zeitraum alltäglich ist und sie dort täglich ihre Erfahrungen sammeln, handelt es sich um deren Alltag und darin stattfindende Alltagsgespräche.

Das Problem bei der Aufzeichnung von Alltagsgesprächen ist, dass die Gesprächsteilnehmer wissen, dass sie gefilmt werden und sich darum nicht vollkommen natürlich verhalten. Das bewusste Aufzeichnen eines Alltagsgesprächs ist somit eine außergewöhnliche Situation und stellt laut Ramge (1978) keine Alltagssituation dar. Der Vorteil an Big Brother ist, dass diese Menschen sich bereits an die Kameras gewöhnt haben und diese auch mal vergessen. Sie haben gelernt, mit dieser Situation umzugehen, da sie teilweise über Monate hinweg in ihrem Leben gefilmt werden. Zu Beginn muss sich der Teilnehmer natürlich erst einleben und die Situation hat zu diesem Zeitpunkt noch nichts mit einem Alltagsleben gemeinsam. Da die Teilnehmer jeden Tag mit den Kameras leben und sich an diese gewöhnen, wird aus diesem nachgestellten Alltagsleben nach einer Eingewöhnungszeit ein für diese Leute beinahe reales Alltagsleben. Es ist aber anzunehmen, dass den Big Brother Teilnehmern in für sie unangenehmen Situation immer bewusst ist, dass sie gefilmt werden und dementsprechend so handeln, wie sie denken, dass es von den Zuschauern erwartet wird und nicht so, wie sie in ihrem Alltag auf der Straße oder in der eigenen Wohnung handeln würden. Da die Gespräche in Big Brother einem Alltagsgespräch dennoch sehr nahe kommen, musste nun nach einigen Kriterien ein Gesprächsausschnitt aus der deutschen und der englischen Big Brother Show ausgewählt werden. Hierbei war wichtig, dass die Gesichter und Körper der Gesprächsteilnehmer möglichst gut zu erkennen sind und es wenigstens zu zehn Sprecherwechseln kommt, die eine gute Untersuchungsgrundlage bieten. Außerdem habe ich darauf geachtet, dass die Teilnehmer möglichst deutlich sprechen und es sich um kein gestelltes Gespräch handelt.

8.2 Beschreibung des Datenmaterials

„Big Brother" ist eine von der Produktionsfirma Endemol Entertainment ins Leben gerufene Reality Show. Seit der ersten Ausstrahlung im Jahr 1999 in den Niederlanden wird die Show inzwischen in beinahe 70 Ländern produziert und ausgestrahlt. In dieser Show leben von der Produktionsfirma ausgewählte Menschen unterschiedlichster Couleur über Monate in einem Filmstudio zusammen, dessen Einrichtung einer Wohnung oder einem Haus gleicht. Es wird also eine alltägliche Wohnsituation nachgestellt, die durch Spiele der Produktionsfirma aufgelockert wird. Während des gesamten Aufenthalts in dieser nachgestellten Wohnsituation werden die Anwohner von Kameras gefilmt, die im gesamten Wohnkomplex angebracht sind. Die Zusammenschnitte eines Tages von Big Brother Deutschland können einmal am Tag vom Fernsehzuschauer auf dem TV-Sender RTL2 angeschaut werden oder man hat die Möglichkeit, die Anwohner auf dem Sender Premiere den ganzen Tag zu beobachten. (http://de.wikipedia.org/wiki/Big_Brother_%28Fernsehshow%29, 3.9.2007)

Der Ausschnitt aus Big Brother Deutschland stammt aus der fünften Staffel, die vom 2. März 2004 bis zum 1. März 2005 lief. Hier stehen sich der 29jährige Karim und die 33jährige Nicole in einem klärenden Gespräch gegenüber. Der in

Hamburg lebende Karim war vom 17. Mai 2004 bis zum 11. Juni 2004 im Big Brother Container. Nicole, die vom 5. April 2004 bis zum 4. Juli 2004 an der Show teilnahm, lebt in Dorsten.

In dem deutschen Gespräch wollen die beiden Gesprächsteilnehmer Karim und Nicole einige Unstimmigkeiten untereinander klären, da die beiden sich gegenseitig nicht sonderlich mögen und schätzen. Dieser Versuch scheint allerdings zum größten Teil von Nicole auszugehen, da Karim nicht besonders kooperativ zu sein scheint. Die Stimmung zwischen den beiden ist äußerst gereizt und genervt, wird vom Zuschauer aber trotzdem als gezwungen ruhig wahrgenommen.

Die Gesprächsausschnitte aus Big Brother United Kingdom sind aus der dritten Staffel entnommen, die vom 24. Mai 2002 bis zum 26. Juli 2002 produziert wurde. Diese Staffel ist somit deutlich kürzer als die deutsche und die Gesprächsausschnitte stammen aus der ersten Woche, da die Teilnehmer Lynne und Sunita in der zweiten Woche bereits nicht mehr teilnahmen. Sunita war vom 24. Mai 2002 bis zum 30. Mai 2002 bei der Show dabei, ist weiblich, 25 Jahre alt und lebt in London. Lynne nahm mit ihrem sehr starken schottischen Akzent vom 24. Mai 2002 bis zum 31.Mai 2002, also nur einen Tag länger als Sunita, an Big Brother teil, war zu diesem Zeitpunkt 36 Jahre alt und lebt in Aberdeen. Der 21jährige, in Cambridge lebende Spencer war ebenfalls von Beginn an dabei, verließ aber erst am 21. Juni 2002 die Show.

In diesem Gespräch handelt es sich um ein geselliges Beisammensein zwischen Sunita, Lynne und Spencer. Lynne ist mit ihrem schottischen Akzent teilweise sehr schwer zu verstehen und redet außerdem sehr schnell. Ferner bedienen sich die Gesprächsteilnehmer sehr stark der Umgangssprache. Da das Gespräch auf der DVD bereits geschnitten war und aus dem Gesamtkontext gerissen wurde, ist es außerdem schwer, dem Inhalt zu folgen, da es anfangs um Tabak und direkt im Anschluss, ohne eine thematische Überleitung, um das Schlafzimmer geht. Da der Text aber zu verstehen ist, es genug Turn-Takings gibt und die Gesprächsteilnehmer von der Kamera gut eingefangen wurden, habe ich mich trotzdem für dieses Gespräch entschieden.

In beiden Gesprächen kommt es zum Austausch von Informationen, deren Brisanz nicht von Bedeutung ist. Die Teilnehmer der Shows in Deutschland und Großbritannien unterhalten sich auf der Basis eines gemeinsamen Zeichenvorrats und Erfahrungsschatzes. Beides ist sowohl kulturell bedingt als auch von den Gesprächsteilnehmern gemeinsam in der Show gewonnen.

9. Transkriptionssystem: Transana

Die Konversationsanalyse bedient sich ihren eigenen Transkriptionsrichtlinien, die von Gail Jefferson (1984) entwickelt wurden. Ziel dieses Notationsverfahrens war es, die transkribierten Texte für die Allgemeinheit lesbar zu machen. Man bedient sich zwar der literarischen Umschrift, diese basierte jedoch auf den orthographischen Regeln. Allerdings wird auf Großschreibung, Interpunktion sowie Trennung am Zeilenende verzichtet. Zur Markierung sprachlicher Besonderheiten werden in die Transkripte Sonderzeichen eingefügt, die die Untersuchung der Texte erleichtern sollen. Diese Zeichen werden von Gail Jefferson (1984) erklärt und im Tutorial von Transana als „Transcript Notation" zusammengefasst.

Symbol	Name	Use
[text]	Brackets	Indicates the start and end points of overlapping speech.
=	Equal Sign	Indicates the break and subsequent continuation of a single utterance.
(# of seconds)	Timed Pause	A number in parentheses indicates the time, in seconds, of a pause in speech.
(.)	Micropause	A brief pause, usually less that 0.2 seconds.
. or ⬇	Period or Down Arrow	Indicates falling pitch or intonation.
? or ⬆	Question Mark or Up Arrow	Indicates rising pitch or intonation.
,	Comma	Indicates a temporary rise or fall in intonation.
-	Hyphen	Indicates an abrupt halt or interruption in utterance.
>text<	Greater than / Less than symbols	Indicates that the enclosed speech was delivered more rapidly than usual for the speaker.
<text>	Less than / Greater than symbols	Indicates that the enclosed speech was delivered more slowly than usual for the speaker.
°	Degree symbol	Indicates whisper, reduced volume, or quiet speech.
ALL CAPS	Capitalized text	Indicates shouted or increased volume speech.
underline	Underlined text	Indicates the speaker is emphasizing or stressing the speech.
:::	Colon(s)	Indicates prolongation of a sound.
(hhh)		Audible exhalation
• or (.hhh)	High Dot	Audible inhalation
(text)	Parentheses	Speech which is unclear or in doubt in the transcript.
((*italic text*))	Double Parentheses	Annotation of non-verbal activity.

Tab. 1: Transcript Notation (http://gais.ids-mannheim.de/information/glossar/trans-systeme.pdf, 5.9.2007)

Das von mir verwendete Transkriptions- und Analyseprogramm Transana 2.12 ist äußerst übersichtlich und verständlich in der Handhabung. Transana basiert auf dem Notationsverfahren des GAT (gesprächsanalytisches Transkriptionsverfahren) sowie der Konversationsanalyse und dient zur Bearbeitung von Videodateien in den Formaten MPEG-1, MPEG-2 und AVI. Es handelt sich um ein Open-Source Programm, das auf www.transana.com kostenpflichtig herunter geladen werden kann. Reicht einem die ältere Version technisch aus, steht diese sogar gratis zum Download bereit.

Die Benutzeroberfläche ist in vier Abschnitte unterteilt, die in ihrer Größe verändert werden können. Es gibt ein Videobild, in das der Windows Media Player® integriert ist, ein Transkriptionsfeld zum Bearbeiten der Transkripte, das Audiofenster, mit dem in Wellenform abgebildeten Ton, und ein Datenfenster, in dem man auf die verschiedenen Datenbanken und Transkripte zugreifen kann. Videobild, Audiofenster und Transkriptionsfeld arbeiten synchron. Probleme gibt es nur beim Zurückspulen mit dem Videobild. Die Tonspur setzt direkt an der richtigen Stelle an, das Bild braucht aber etwas mehr Zeit, bis es wieder synchron zum Text läuft. Setzt man seine Markierung jedoch einige Sekunden vor die gewünschte Stelle, umgeht man dieses Problem. Problematisch könnte es jedoch werden, wenn man mit einem sehr langsamen PC arbeitet.

Abb. 1: Aufbau Transana 2.12

Das Starten und Stoppen des Films ist durch Tastenkombinationen möglich, was ein schnelles Reagieren und unkompliziertes Transkribieren ermöglicht. Es sollte jedoch beachtet werden, dass man mit dem System keine Filme schneiden kann und dies somit vor der Bearbeitung der Videos mit Transana in einem gesonderten Programm erfolgen muss. (vgl. Schwab 2006)

Beim Arbeiten mit Transana sind mir vor allem zwei negative Aspekte aufgefallen. Zum Ersten schließt sich das Programm automatisch, wenn man eine Tastenkombination nutzt und dabei das Audiofenster oder das Aktionsfenster nicht aktiviert. Hat man zum Beispiel im Videobild gearbeitet und eines der beiden anderen Fenster nicht aktiviert, schließt sich das gesamte Programm, ohne die zuvor bearbeiteten Daten zu speichern. Zum anderen gibt es einige Bugs, wenn man Englisch nicht als Sprache ausgewählt hat. So konnte ich zum Beispiel in der deutschen Version von Transana der Datenbank keine Videos hinzufügen. Nach dem Umstellen der Sprache auf Englisch gab es keine Probleme mehr. Hatte man die Tücken des Programms jedoch erkannt, gab es keine schwerwiegenden Probleme.

10. Untersuchungsergebnisse für Deutschland
10.1 Turns
10.1.1 Anzahl der Turns

Die hier gezählten Turns sind einzelne Redebeiträge der Gesprächsteilnehmer. Später werden diese einzelnen Turns noch in Kategorien unterteilt. Ein Turn kann über mehrere Zeilen gehen, in einer Zeile befindet sich aber immer nur ein Turn. Karim kommt im Gespräch auf insgesamt 14, Nicole auf 13 Turns. Das ergibt eine Gesamtzahl von 27 Turns.

Turn	1	2	3	4	5	6	7	8	9	10	11	12	13	14
Karim (Zeile)	1	3	4	6	8-9	12	14	15	17	20	22-23	25-26	29	31
Nicole (Zeile)	2	5	7	10-11	13	16	18	19	21	24	27-28	30	32	-

Tab. 2: Anzahl der Turns in Deutschland

10.1.2 Länge der Turns

Die Länge der Turns wird durch die Anzahl der Wörter bestimmt, wobei sich die Wörter an der geschriebenen Sprache und nicht an der gesprochenen orientieren. Das bedeutet, dass zwei beim Sprechen zusammengezogene Wörter trotzdem als zwei einzelne gezählt werden. Obwohl Karim einen Turn mehr als Nicole hat, kommt er insgesamt auf deutlich weniger Wörter. Er benötigt insgesamt 218 Wörter, liegt im Durchschnitt mit 15,57 Wörtern pro Turn auch deutlich unter Nicoles Wert von 22,85. Nicole hat somit zwar einen Turn weniger, redet aber trotzdem deutlich mehr als Karim.

Turn / Wörter	1	2	3	4	5	6	7	8	9	10	11	12	13	14
Karim	6	2	16	10	33	10	2	12	23	12	32	37	6	17
Nicole	25	1	1	22	24	22	8	20	24	15	24	6	5	-

Tab. 3: Turn-Länge in Deutschland

Turn / Wörter	Ges	Ø
Karim	218	15,57
Nicole	297	22,85

Tab. 4: Gesamte und durchschnittliche Turn-Länge in Deutschland

10.2 Turn-Taking
10.2.1 Rule-Set

Die Unterscheidung zwischen Selbst- und Fremdauswahl ist in diesem Gespräch schwierig, da es sich um ein Gespräch zwischen zwei Personen handelt und es nur eine Möglichkeit für einen Sprecherwechsel gibt.

In Zeile 16 (Turn acht von Nicole) wird Karim direkt von Nicole angesprochen, sie verwendet somit direkt zu Beginn des Turns die Technik der Fremdauswahl aus der Regel 1a und Karim muss anschließend in Turn neun antworten. Ähnlich ist es in Zeile 28 (Turn elf von Nicole). Hier spricht Nicole Karim zum Ende ihres Turns mit „...weißt du" an. Karim ist auch hier wieder dazu verpflichtet, im nächsten Turn zu antworten.

Turn	Karim	Nicole
1	Gesprächsbeginn	-
2	-	Selbstauswahl
3	Selbstauswahl	Selbstauswahl
4	Selbstauswahl	S/ F
5	Selbstauswahl	Selbstauswahl
6	-	Selbstauswahl
7	-	-
8	Selbstauswahl	Selbstauswahl
9	Fremdauswahl	Selbstauswahl
10	-	-
11	-	-
12	Selbstauswahl	-
13	Fremdauswahl	Selbstauswahl
14	Selbstauswahl	-

Tab. 5: Rule-Set in Deutschland

In Zeile acht und neun (Turn fünf von Karim) spricht Karim Nicole ebenfalls direkt an. Man kann somit sagen, dass Karim die Technik der Fremdauswahl anwendet. Auf mich wirkt das allerdings wie eine einleitende Floskel, auf die Nicole nicht unbedingt eingehen muss. An dieser Stelle ist zu erkennen, dass das Rule-Set nicht immer hundertprozentig eindeutig ist und von Fall zu Fall und Person zu Person anders interpretiert werden kann. Außerdem ist zu beachten, dass die beiden sich im gesamten Dialog direkt ansprechen, da es inhaltlich um die beiden und ihre Beziehung zueinander geht. Da bedeutet nicht jedes „du", dass am nächsten TRP der Sprecher gewechselt werden muss. Es kann auch sein, dass der momentane Redner nur eine kurze Pause setzt, um anschließend mit seinem Turn fortzufahren. Ein Beispiel hierfür ist die Pause von 0,2 Sekunden in Zeile 21. Diese ist ebenfalls an einem TRP und der Gesprächspartner wird direkt angesprochen. Aber trotzdem handelt es sich hier um keinen herbeigeführten Sprecherwechsel.

Abschließend ist festzustellen, dass die Selbstauswahl in diesem Gespräch dominiert. Das ist allerdings nicht ungewöhnlich, da von vornherein klar ist, wer bei zwei Gesprächsteilnehmern der nächste Sprecher ist.

10.2.2 Turneinleitende Floskeln

Karim	Nicole
Ja also	Wenn ich
Ja also	Okay
Da wollt ich	Gut
Ist dein	Für mich ist das
Es ist einfach so	**Aber Karim**
Mit Sicherheit	Weißt du was
Ja und wenn	Weißt du was
Aber so bin ich	**Aber Karim**
Ja aber	**Ja aber**
Ich beobachte halt	Ich hab
Nein das	Doch
Nein ich hab	**Ja aber**
	Ja aber
	Das ist
	Karim das

Tab. 6: Einleitende Floskeln in Deutschland

Besonders auffällig sind hier alle Kombinationen mit einem „aber". „Ja aber", „Ja also" und „Aber Karim". Sie leiten insgesamt einen Drittel der Turns ein. Diese Floskeln weisen darauf hin, dass man den nächsten Turn ergreifen will, geben den First Starters aber noch etwas Zeit, sich den Inhalt des nächsten Turns gedanklich zurechtzulegen.

10.3 Pausen

In dem Gespräch gibt es insgesamt 15 Pausen, die alle unterschiedlicher Länge sind. Zur Untersuchung dieser Pausen unterteile ich sie in drei Kategorien. Die Mikropause, die kaum bemerkbar und kürzer als 0,2 Sekunden ist, gehört der Kategorie eins an. Zur zweiten Kategorie zählen alle Unterbrechungen mit einer Dauer von 0,2 Sekunden bis zu 0,7 Sekunden. Diese Pausen sind bereits äußerst auffällig, wirken im Verlauf jedoch nicht unbedingt als störend. Alles was 0,8 Sekunden und länger andauert, wird der dritten Kategorie zugeordnet. Diese Pausen sind bereits so lang, dass sie als unangenehm oder sogar störend wahrgenommen werden können.

Kategorie	Pausen gesamt	Turn-Taking	TRP	Im Turn
1 (< 0,2 sec.)	26,7%	-	-	26,7%
2 (0,2 sec.-0,7 sec.)	40%	-	6,7%	33,3%
3 (> 0,7 sec.)	33,3%	6,7%	13,3%	13,3%
Zwischenwert		6,7%	20%	73,3%
Gesamt	100%			100%

Tab. 7: Verteilung der Pausen in Deutschland

Die meisten Pausen fallen mit 40% in Kategorie zwei an, von denen 6,7% auf einen TRP fallen und die restlichen 33,3% im Verlauf der einzelnen Turns auftreten. Die Einteilung „In den Turns" beschreibt alle Möglichkeiten der Platzierung innerhalb eines Turns, mit Ausnahme der TRPs sowie den Stellen des Turn-Takings. Schaut man sich die Stellen des Turn-Takings an, gibt es lediglich eine Stelle, an der es zu einer Pause kommt. Das lässt erkennen, dass der Sprecherwechsel in diesem Gespräch sehr fließend erfolgt und ein TRP vom Hörer erkannt und ergriffen wird. Lediglich die drei Pausen in Zeile 21, 25 und 31 wurden vom Hörer nicht für einen Sprecherwechsel genutzt, obwohl sie sich an einem TRP befinden. Ein Großteil der Pausen fällt innerhalb eines Turns an und von denen liegen wiederum 27,3% innerhalb eines Overlaps, was ein Zeichen für die Störung des Kommunikationsflusses ist.

Es ist somit zu erkennen, dass Pausen vor allem während der vom Hörer nicht wahrgenommenen TRPs sowie innerhalb der Turns auftreten. Die Pausen innerhalb eines Turns werden vom Redner auch häufig als eine Denkpause genutzt, in der man sich die nächsten Worte zurechtlegen kann. An den Übergängen zwischen den Turns hingegen sind kaum Pausen vorhanden, was auf einen guten Kommunikationsfluss schließen lässt.

10.4 Intonation

Die Untersuchungen zur Intonation des deutschen sowie englischen Gesprächs basieren hauptsächlich auf meinem Hörverständnis. An unsicheren Stellen habe ich ergänzend auf die von Transana produzierte Wellenform zurückgegriffen. So war es mir möglich, mein Hörverständnis basierend auf technischen Daten zu überprüfen.

Auf den von Friederike Kern (2007) basierenden Ausdrücken final-rising-to-mid pitch (Kategorie eins), final-high-rising pitch (Kategorie zwei) und falling pitch (Kategorie drei) habe ich die Intonation in genau diese drei Kategorien unterteilt. Da das Gespräch vor allem im ersten Drittel in seiner Intonation äußerst monoton verläuft, beginnen die tatsächlichen Untersuchungen erst in Zeile zehn. Die intentionalen Veränderungen in den ersten neun Zeilen waren für mich kaum zu erkennen. Von den untersuchten Stellen sind 23,08% nicht in die vordefinierten Kategorien einzuordnen. Das bedeutet, dass mehr als drei Viertel der intentionalen Varianten in dem deutschen Gespräch in das Schema einzuordnen sind und als Hinweise für ein anstehendes Turn-Taking oder das Halten eines Turns zu sehen sind. Die weniger als ein Viertel ausmachenden Ausnahmen beruhen in diesem Gespräch hauptsächlich auf einer emotionalen Unausgeglichenheit. Zum Beispiel wird ein Wort zum Ende eines Turns besonders betont, um Empörung über dieses auszudrücken (Zeile 16). An einer anderen Stelle schwingt die Intonation ständig auf und ab (Zeile 24) oder sie fällt in der Mitte eines Turns, ohne dass dieser dort enden soll.

Zeile	Beschreibung
10	1 → hält den Turn
11	2 → erlaubt innerhalb des Turns Continuers, redet aber weiter
13	1 → hält den Turn
15	3 → Ende des Turns
16	Die Intonation fällt in der Mitte des Turns
16	Eigentlich Kategorie 2, der Turn wird an dieser Stelle vom Sprecher aber beendet. Die steigende Intonation dient hier eher zur Betonung eines Wortes und wirkt als Anklage an den Hörer.
17	2 → erlaubt innerhalb des Turns Continuers, redet aber weiter
19	1 → hält den Turn
20 (2)	3 → Ende des Turns
23	1 → hält den Turn
24	Die Intonation gleicht hier einem ständigen Auf und Ab und ist eher als ein Zeichen der Empörung zu sehen, als ein Hinweis auf das Halten oder Beenden eines Turns.
28	3 → Ende des Turns
31	1 → hält den Turn

Tab. 8: Die Intonation und deren Auswirkung in Deutschland

Es ist zu erkennen, dass die Regeln der Intonation in den meisten Fällen zutreffen, was mit dazu beiträgt, dass die Übergänge zwischen den Turns flüssig und ohne auffällige Pausen ablaufen. Die Intonation ist ein wichtiger Bestandteil des Turn-Takings, da der Hörer so frühzeitig erkennen kann, dass ein Sprecherwechsel bevorsteht und sein nächster Turn eingeleitet werden kann.

10.5 Nonverbale Merkmale
10.5.1 Mimik

Untersucht man die Blickrichtung der beiden Gesprächsteilnehmer während der Unterhaltung, ist zu erkennen, dass der Blick zu Beginn eines Turns häufig nicht in das Gesicht des anderen gerichtet ist, sondern nach unten, zur Seite oder auch mal nach oben abschweift. Diese Augenbewegung ist oft ein Zeichen dafür, dass man nachdenkt. Aber auch innerhalb des Turns kommt es manchmal vor, dass der Blick nicht auf den Hörer gerichtet ist. Im Rahmen dieses Gesprächs kehrt der Blick des Redners am Ende eines Turns jedoch immer in das Gesicht des Hörers und des nächsten Sprechers zurück. Allerdings kann nicht verallgemeinert werden, dass ein Turn immer mit einem abwandernden Blick beginnt, denn auch hier kommt der direkte Blick in das Gesicht des Gesprächspartners vor. Allerdings endeten 100% der Gespräche mit einem Blick des Sprechers in das Gesicht des Hörers.

Abb. 2: Big Brother Deutschland 2004 gesenkter Blick (a)

Abb. 3: Big Brother Deutschland 2004 gesenkter Blick (b)

Solange der Blick des Redners wandert und nicht auf dem Hörer ruht, kann dieser davon ausgehen, dass kein Sprecherwechsel bevorsteht und er auf die nächste Möglichkeit eines Sprecherwechsels noch warten muss. Ruht der Blick jedoch auf dem Hörer, kann dies ein Zeichen für einen bevorstehenden Sprecherwechsel sein, der aber nicht erfolgen muss.

10.5.2 Gestik

Zur Untersuchung der Gestik wurde diese in aktiv und passiv unterteilt. Zu den aktiven zählen das Gestikulieren mit den Händen, das auf sich Zeigen, das Wegstellen von Flaschen und Gläsern sowie das Verdrehen des Handgelenks. Passiv ist es, die Hände in den Schoß zu legen, die Zigarette auf Kopfhöhe zu halten, den Kopf auf der Hand abzustützen sowie das Halten einer Flasche oder eines Glases. Ist ein Gesprächsteilnehmer nicht im Bild, wurde dieser nicht beachtet. Unterteilt man die Gesprächspartner in Hörer und Sprecher, ergibt sich beim Hörer ein einhundertprozentiges passives Verhalten in Bezug auf seine Gestiken. Beim Sprecher hingegen sind 38,1% der Gestiken aktiv. Auffällig ist das Ergebnis zum Ende eines Turns. Hier lassen die Bewegungen mit den Armen und Händen zwar nach, aber dennoch machen die passiven Haltungen nur 53,85% aus. Das heißt, dass noch 46,15% der Gestiken aktiv sind und mit der Hilfe der Gestik nicht unbedingt ein Turn-Taking vorab lokalisierbar ist. Deutlich zu erkennen ist, dass die Passivität des Sprechers im

Laufe seines Turns abnimmt, er zum Ende somit immer aktiver wird.

Sprecher

	Anfang Turn	Mitte Turn	Ende Turn	Gesamt
Hände im Schoß	10,53%	7,89%	7,89%	26,31%
nicht im Bild	14,47%	11,84%	18,42%	44,73%
Zigarette auf Kopfhöhe	1,32%	1,32%	0%	2,64%
artikuliert	2,63%	5,26%	5,26%	13,15%
Glas/ Flasche in der Hand	-	1,32%	1,32%	2,64%
stellt Glas/ Flasche weg	-	1,32%	1,32%	2,64%
zeigt auf sich	-	1,32%	1,32%	2,64%
Handgelenk verdreht	1,32%	1,32%	-	2,64%
Hand stützt Kopf	1,32%	1,32%	-	2,64%
Gesamt	31,59%	32,91%	35,53%	100,03%

Hörer

	Anfang Turn	Mitte Turn	Ende Turn	Gesamt
Hände im Schoß	8,16%	8,16%	6,12%	22,44%
nicht im Bild	30,61%	20,41%	20,41%	71,43%
Zigarette auf Kopfhöhe	-	2,04%	2,04%	4,08%
artikuliert	-	-	-	
Glas/ Flasche in der Hand	-	-	-	
stellt Glas/ Flasche weg	-	-	-	
zeigt auf sich	-	-	-	
Handgelenk verdreht	-	-	-	
Hand stützt Kopf	-	-	2,04%	2,04%
Gesamt	38,77%	30,61%	30,61%	99,99%

Sprecher

	Anfang Turn	Mitte Turn	Ende Turn	Gesamt
aktiv	7,14%	16,67%	14,29%	38,1%
passiv	23,81%	21,43%	16,67%	61,91%
Gesamt	30,95%	38,1%	30,96%	100,01%

Hörer

	Anfang Turn	Mitte Turn	Ende Turn	Gesamt
aktiv	-	-	-	
passiv	28,57%	35,71%	35,71%	99,99%
Gesamt	28,57%	35,71%	35,71%	99,99%

Tab. 9: Gestik des Sprechers und Hörers in Deutschland

10.5.3 Körperpositur

Mit Körperpositur ist gemeint, ob jemand mit seinem Oberkörper eine eher offensive oder defensive Körperhaltung einnimmt. Während Karim eher zurückgelehnt in seinem Stuhl sitzt, dabei seinen Kopf aber nach vorne gelehnt hat, sitzt Nicole mit ihrem gesamten Oberkörper nach vorne gebeugt in ihrem Stuhl und redet auf Karim ein. Diese Körperhaltung lässt sie in diesem Gespräch äußerst dominant wirken. Mit 61,9% nehmen mehr als die Hälfte zum Ende eines Turns eine offensive, leicht nach vorne gebeugte Körperhaltung ein. Aber auch zu Beginn eines Turns liegt der prozentuale Anteil der Sprecher, die nach vorne gelehnt sind, bei 59,52%

Abb. 4: Big Brother Deutschland 2004 Körperpositur

und der Hörer bei 56,76%. Es gibt also nur einen geringen Unterschied zwischen Beginn und Ende eines Turns sowie zwischen dem Redner und dem Hörer.

Interessant ist, dass die Hörer während des gesamten Turns eine passive Haltung einnehmen, die sie nicht verändern. Sie hören konzentriert zu und sind dabei leicht nach vorne oder hinten gelehnt, ändern diese Positur aber während des gesamten Hörvorgangs nicht. Im gesamten Gespräch kam es kein einziges Mal zu einer Veränderung der Oberkörperpositur während des Zuhörens.

Sprecher

Passiv	Turn-Anfang	Turn-Mitte	Turn-Ende	Gesamt
Oberkörper nach vorne gebeugt	7,09%	7,87%	7,87%	22,83%
Oberkörper nach hinten gebeugt	11,81%	11,81%	11,81%	35,43%
Kopf nach vorne gebeugt	11,81%	11,81%	11,81%	35,43%
Aktiv				
Oberkörper nach hinten lehnend	0,79%	-	-	0,79%
Oberkörper nach vorne lehnend	0,79%	1,57%	0,79%	3,15%
nicht im Bild	0,79%	0,79%	0,79%	2,37%
Gesamt	33,08%	33,85%	33,07%	

Hörer

Passiv	Turn-Anfang	Turn-Mitte	Turn-Ende	Gesamt
Oberkörper nach vorne gebeugt	8,26%	8,26%	9,17%	25,69%
Oberkörper nach hinten gebeugt	11,01%	11,01%	11,01%	33,03%
Kopf nach vorne gebeugt	11,01%	11,01%	11,01%	33,03%
Aktiv				
Oberkörper nach hinten lehnend	-	-	-	
Oberkörper nach vorne lehnend	-	-	-	
nicht im Bild	3,67%	2,75%	1,83%	8,25%
Gesamt	33,95%	33,03%	33,02%	

Tab. 10: Körperpositur des Sprechers und Hörers in Deutschland

10.6 Funktionsstörungen
10.6.1 Anzahl der Overlaps

Im gesamten Gespräch gibt es 18 Overlaps, von denen jeweils neun von Karim und neun von Nicole verursacht wurden. Wurde der Sprecher innerhalb eines Turns zweimal mit einer Pause zwischen zum Beispiel zwei Continuers unterbrochen, so gelten diese als zwei Overlaps und nicht als einer.

10.6.2 Art der Overlaps

In diesem Gespräch dominieren ganz klar die konkurrierenden Overlaps mit einem Anteil von 61,1%. Die Continuers, die ausschließlich von Karim verwendet werden, machen mit 27,8% einen deutlich geringeren Anteil aus als die von Nicole. Den Auswertungen kann man entnehmen, dass das Gespräch

auf   Grund   der   vielen
konkurrierenden   Overlaps   zum
einen sehr aggressiv ist, es aber
auch viele Turn-Takings gibt, deren

Art des Overlaps	Häufigkeit
Continuers	27,8%
Konkurrierend	61,1%
Terminal Overlap	11,1%

Tab. 11: Arten der Overlaps in Deutschland

Übergänge fließend sind und die ohne einen Overlap vollzogen werden.

10.6.3 Ort der Overlaps

Betrachtet man die Overlaps insgesamt, so sind 43,75% in der Mitte eines Turns zu finden, 25% am Ende und nur 12,5% am Anfang eines Turns. Außerdem sind 18,75% der Overlaps im Anschluss an eine Pause innerhalb eines Turns zu finden. Unterteilt man die Overlaps in Continuers, konkurrierende Overlaps und Terminal Overlaps, kann man diese genauer auf ihre Eigenheiten untersuchen. So befinden sich zum Beispiel 100% der Terminal Overlaps am Ende des Turns eines vorherigen Sprechers. Die konkurrierenden Overlaps hingegen verteilen sich über den gesamten Turn. Am stärksten sind sie mit 33,3% jedoch in der Mitte vertreten, gefolgt von jeweils 25% am Ende eines Turns sowie 25% in den Pausen. Vor allem die Pausen werden von den Hörern genutzt, den Sprecher zu unterbrechen und selbst den Turn zu ergreifen. Allerdings finden die Regeln des Rule-Set hier keine Anwendung, da ein Sprecherwechsel vom momentanen Redner nicht forciert wird, sondern der Hörer ein Turn-Taking erzwingen will. Die Continuers, die zu 80% in der Mitte eines Turns vorkommen, sind am Ende eines Turns mit nur 20% vertreten. Das lässt sich damit erklären, dass der Hörer mit Continuers den momentanen Redner in seiner Aussage bestätigen will oder ihn zum Weiterreden animieren will.

Ort	Overlaps
Turn-Anfang	12,5%
Turn-Mitte	43,75%
Turn-Ende	25%
Nach einer Pause	18,75%

Tab. 12: Verteilung der Overlaps in Deutschland (a)

Zeile	Ort des Overlaps
3	Turn-Mitte
3	Turn-Mitte
12	Nach Pause
12	Turn-Ende
14	Turn-Mitte
20	Nach Pause
20	Nach Pause
22	Turn-Mitte
2	Turn-Anfang
18	Turn-Mitte
18	Turn-Ende
24	Turn-Mitte
24	Turn-Ende
27	Turn-Anfang
27	Turn-Mitte
27	Turn-Ende

Tab. 13: Verteilung der Overlaps in Deutschland (b)

Dies ist am Ende eines Turns jedoch nicht mehr notwendig, da der momentane Sprecher zum einen nicht fortfahren will und der Hörer seine Zustimmung oder seine Kommentare in seinen nächsten Turn einbringen kann, da dieser bereits abzusehen ist. Es ist zu erkennen, dass die meisten Unterbrechungen in die Mitte eines Turns fallen, weil der Hörer seine Reaktion auf die Aussage des Redners nicht erst im nächsten Turn in das Gespräch einfließen lassen will. Da das Ende eines Turns an dieser Stelle häufig noch nicht auszumachen ist, spricht der Hörer somit einfach dazwischen. Dies ist am Ende eines Turns meistens nicht nötig, weil ein Sprecherwechsel abzusehen ist.

10.6.4 Dauer der Overlaps

Die durchschnittliche Länge der verschiedenen Overlaps bestätigt die Einstufung der Terminal Overlaps und Continuers als nicht störend und der konkurrierenden Overlaps als störend. Die Terminal Overlaps sind mit einer durchschnittlichen Länge von 0,1 Sekunden in die zuvor definierte Kategorie eins (< 0,2 Sekunden) einzuordnen und gelten damit als kaum bemerkbar. Auch die Continuers gelten mit ihrer durchschnittlichen Dauer von 0,42 Sekunden als nicht störend. Sie sind der Kategorie zwei (0,2-0,7 Sekunden) zuzuordnen, was bedeutet, dass die Continuers, obwohl sie nicht störend sind, als auffällig gelten. Als besonders auffällig und störend sind die konkurrierenden Overlaps zu bezeichnen. Mit ihrer hohen durchschnittlichen Dauer von 1,49 Sekunden sind sie der Kategorie drei (> 0,7 Sekunden) zuzuordnen.

Art des Overlap	Dauer (sec.)
Continuers	0,2
	0,1
	0,6
	0,1
	1,1
Gesamt	2,1
Durchschnitt	0,42
Terminal Overlap	0,1
	0,1
Gesamt	0,2
Durchschnitt	0,1

Art des Overlap	Dauer (sec.)
Konkurrierend	2
	1,3
	1,1
	1,2
	1,2
	0,8
	0,8
	5,6
	0,8
	0,1
	1,5
Gesamt	16,4
Durchschnitt	1,49

Gesamt	
Pausenlänge:	18,7
durchschnittliche Pausenlänge:	1,04

Tab. 14: Pausenlänge und Pausenverteilung in Deutschland

10.7 Reparatur-Mechanismen

Ich habe im deutschen Transkript zwei Korrekturen gefunden. In Zeile vier erfolgt durch Karims Aussage „belehren brauchst du mich nicht" eine inhaltliche Fremdkorrektur von Nicoles Aussage im Turn zuvor. Man kann diese Aussage als eine Korrektur sehen, dies ist jedoch nicht zwingend notwendig. Die zweite Korrektur erfolgt ebenfalls durch Karim in Zeile 23. Hier handelt es sich um eine inhaltliche Selbstkorrektur innerhalb des Turns. Erst empfindet er nur, dass Nicole keine eigene Meinung hat und direkt im Anschluss verstärkt er diese Aussage, indem er sagt, dass er bisher nicht wahrgenommen hat, dass sie eine eigene Meinung hat. Er hat das Wort „empfinden" somit durch das Wort „wahrnehmen" ausgetauscht.

11. Untersuchungsergebnisse für Großbritannien
11.1 Turns
11.1.1 Anzahl der Turns

Im englischen Gespräch gibt es insgesamt elf Turns, von denen jeweils drei an Lynne und Sunita gehen sowie fünf an Spencer. Innerhalb des gesamten Gesprächs ist ausschließlich Spencer vom Anfang bis zum Ende an der Unterhaltung beteiligt. Lynne steigt erst etwas später in das Gespräch ein und Sunita hört zum Schluss nur noch zu, nimmt aber nicht mehr daran teil.

Turn	1	2	3	4	5
Spencer	Z. 1	Z. 3	Z. 8-9	Z. 11	Z. 13
Sunita	Z. 2	Z. 4	Z. 7	-	-
Lynne	Z. 5-6	Z. 10	Z. 12	-	-

Tab. 15: Anzahl der Turns in Großbritannien

11.1.2 Länge der Turns

Obwohl Spencer mehr Turns hat, liegt Lynne mit ihren insgesamt 88 Wörtern deutlich vorne. Bei Lynne ist allerdings zu beachten, dass einige Wörter ihres ersten Turns nicht zu verstehen sind, da sie in einem Overlap liegen. Diese Wörter wurden dementsprechend auch nicht gezählt, da dies nicht möglich war und werden auch weiterhin nicht beachtet.

Turn / Wörter	1	2	3	4	5	Ges.	ø
Spencer	11	11	9	11	6	48	9,6
Sunita	17	10	8	-	-	35	11,7
Lynne	56	7	25	-	-	88	29,3

Tab. 16: Turn-Länge in Wörtern in Großbritannien

Spencer liegt mit 48 Wörtern im Mittelfeld vor Sunita. Deren Turns sind mit 11,7 Wörtern aber noch länger als die von Spencer. Dies erklärt auch, dass sie mit insgesamt 35 Wörtern direkt hinter Spencer liegt, der lediglich in zwei Turns mehr als Sunita das Wort hatte. Lynne hat mit Abstand die längsten Turns. Mit ihren durchschnittlich 29,3 Wörtern pro Turn liegt sie weit vor Spencer und Sunita. Somit hat sie trotz einer geringeren Anzahl an Turns im Vergleich zu

Spencer deutlich mehr gesagt.

11.2 Turn-Taking
11.2.1 Rule-Set

Man könnte meinen, dass der Sprecher in einem Gespräch mit mehr als zwei Teilnehmern häufiger zu turnzuweisenden Techniken greift. Diese Techniken werden allerdings in nur 18,2% der Fälle angewandt. In diesem Gespräch dominiert die Selbstauswahl mit einem Anteil von 72,7%, was vor allem daran liegt, dass das Gespräch einem sehr hohen Tempo unterliegt und es viele Overlaps gibt. Die beiden Fälle der Fremdauswahl laufen nicht über eine direkte Aufforderung, in der die nächste Person gebeten wird, den nächsten Turn zu ergreifen. Die nächste Person wird durch das direkte Anblicken des folgenden Redners in der Kombination mit einer kurzen Pause ausgewählt.

Turn	Spencer	Sunita	Lynne
1	Gesprächsbeginn	Selbstauswahl	Selbstauswahl
2	Selbstauswahl	Fremdauswahl	Fremdauswahl
3	Selbstauswahl	Selbstauswahl	Selbstauswahl
4	Selbstauswahl	-	-
5	Selbstauswahl	-	-

Tab. 17: Rule-Set in Großbritannien

11.2.2 Turneinleitende Floskeln

In diesem Gespräch werden die typischen englischen Floskeln wie „well", „actually" und „wait a minute" genutzt. Diese Floskeln kommen besonders dort vor, wo die Personen Zeit zum Planen des nachfolgenden Inhalts des Turns schinden möchten.

Spencer	Sunita	Lynne
Your	No no	Wait a minute
If I	I will give	Actually
Do you	That he's	No
Well		
I'm		

Tab. 18: Einleitende Floskeln in Großbritannien

11.3 Pausen

Insgesamt betrachtet, sind die Pausen in diesem Gespräch eher kurz und es gibt nur wenige von ihnen. Der Kategorie zwei werden 75% der Pausen zugeordnet, die restlichen sind in Kategorie drei zu finden. Diese Pausenverteilung ist auf das hohe Sprechtempo der Gesprächsteilnehmer zurückzuführen. In diesem Gespräch scheinen immer mindestens zwei Personen auf einmal reden zu wollen, was die Bildung von Pausen reduziert. Dennoch zustande kommende Pausen werden vom Hörer schnell genutzt, um einen neuen Turn zu starten. Insgesamt sind 75% der Pausen an TRPs und Orten des Sprecherwechsels zu finden. Innerhalb eines Turns liegen dahingegen nur 25%. Die Pausen sind somit an den Stellen zu finden, an denen es zu einem Sprecherwechsel kommt oder kommen kann und sind als Hinweis auf ein Turn-Taking zu sehen.

Kategorie	Pausen gesamt	Turn-Taking	TRP	Im Turn
1 (< 0,2 sec.)	-	-	-	
2 (0,2 sec.-0,7 sec.)	75%	12,5%	50%	12,5%
3 (> 0,7 sec.)	25%	12,5%	-	12,5%
Zwischenwert		25%	50%	25%
Gesamt	100%			100%

Tab. 19: Verteilung der Pausen in Großbritannien

11.4 Intonation

Da es sich um ein äußerst impulsives Gespräch handelt, ist die Intonation großen Schwankungen ausgesetzt. Auffällig ist, dass die Intonation in den untersuchten Fällen am Anfang des Turns meistens steigt. Das ist wohl darauf zurückzuführen, dass diese Turns, mit Ausnahme von Zeile zehn, mit einem Simultanstart beginnen. Beide Sprecher sind somit dazu gezwungen den Tonfall zu erheben, damit der andere Redner übertönt wird und sie als Gewinner aus dem Wettstreit um den Turn hervorgehen.

Auch hier beziehe ich mich wieder auf die Ausdrücke final-rising-to-mid pitch

(Kategorie eins), final-high-rising pitch (Kategorie zwei) und falling pitch (Kategorie drei) von Friederike Kern (2007).

Zeile	Turn-Anfang	Turn-Mitte	Turn-Ende	Bemerkung
1			Fallend	Kategorie 3
3	Steigend			
3			Fallend	Kategorie 3
4	Steigend			
4		Steigend		Kategorie 1
4			Fallend	Kategorie 3
5	Steigend			
5		Fallend		Durch das Ende eines Overlaps muss niemand mehr übertönt werden.
6		Steigend		Kategorie 1
6		Fallend		Durch das Ende eines Overlaps muss niemand mehr übertönt werden.
6			Fallend	Kategorie 3
7	Steigend			
10	Steigend			
10			Steigend	Kategorie 2 → gibt aber keine Continuers
12		Steigend		Kategorie 1
12			Fallend	Kategorie 3

Tab. 20: Die Intonation und deren Auswirkung in Großbritannien

Die zur Mitte in der Intonation steigenden Turns sind der ersten Kategorie zuzuordnen. Hier wird deutlich, dass es an dieser Stelle kein Ende des Turns gibt. Die zwei Ausnahmen mit einer fallenden Intonation in der Mitte des Turns in Zeile fünf und sechs kommen durch die Beendigung eines Overlaps zustande. Der Sprecher muss ab dieser Stelle keinen simultan redenden Gesprächsteilnehmer mehr in der Lautstärke übertönen, weshalb die Intonation fällt. Auch das typische, in der Intonation fallende Turn-Ende ist in diesem

Gespräch stark vertreten. Es deutet auf ein anstehendes Turn-Taking hin, das vom Hörer genutzt werden soll.

11.5 Nonverbale Merkmale
11.5.1 Mimik

Aus den Untersuchungen der Blickrichtung geht hervor, dass 23,5% der Sprecher ihren Zuhörer am Anfang, 35,3% in der Mitte des Turns und 87,5% am Turn-Ende anschauen. Die restlichen 12,5% schauen am Ende des Turns allgemein in die Gesprächsrunde oder etwas anderes an.

Abb. 5: Big Brother Großbritannien 2002 Blickkontakt

11.5.2 Gestik

Aus den Untersuchungen zu den Gestiken hat sich ergeben, dass die artikulierenden Gesten bei den Sprechern einen Anteil von 64% und bei den Hörern von 0% ausmachen. Während die Sprecher mit ihren Armen und Händen äußerst aktiv sind, konzentrieren die Hörer sich voll und ganz auf das Zuhören. Die Aktivität des Hörers liegt bei nur 18,18% und ist damit nicht sehr hoch. Sie beinhaltet beim Hörer ausschließlich das Spielen mit einem Feuerzeug, was wohl eher als ein Zeichen für Nervosität oder Langeweile zu sehen ist, als ein Hinweis auf einen anstehenden Sprecherwechsel. Bezogen auf die Gestiken des Sprechers erreicht dieser eine Aktivität von 58,33% und liegt damit deutlich über der des Hörers. Hier bezieht man das Gestikulieren, Rauchen und Abaschen sowie das Spielen mit dem Feuerzeug mit ein. Auffällig ist außerdem, dass der Sprecher am Ende eines Turns eine Aktivität von 0% aufweist. Man kann somit davon ausgehen, dass zum Ende eines Turns die Arm- und Handbewegungen des Sprechers stoppen, was als Hinweis auf ein Turn-Taking gesehen werden kann.

Sprecher

	Turn-Anfang	Turn-Mitte	Turn-Ende
Hände im Schoß	4%	4%	-
Hände liegen auf dem Sofa	-	-	-
Zigarette auf Kopfhöhe	4%	-	-
gestikuliert	16%	28%	20%
spielt mit dem Feuerzeug	4%	4%	4%
zieht an der Zigarette	-	4%	-
abaschen	-	-	4%
nicht im Bild	-	-	4%
Gesamt	28%	40%	32%

Hörer

	Turn-Anfang	Turn-Mitte	Turn-Ende
Hände im Schoß	4,17%	4,17%	8,33%
Hände liegen auf dem Sofa	-	4,17%	4,17%
Zigarette auf Kopfhöhe	16,67%	16,67%	16,67%
gestikuliert	-	-	-
spielt mit dem Feuerzeug	-	8,33%	8,33%
zieht an der Zigarette	-	-	-
abaschen	-	-	-
nicht im Bild	4,17%	4,17%	-
Gesamt	25,01%	37,51%	37,50%

Sprecher

	Turn-Anfang	Turn-Mitte	Turn-Ende
aktiv	20,83%	37,50%	-
passiv	8,33%	4,17%	29,17%

Hörer

	Turn-Anfang	Turn-Mitte	Turn-Ende
aktiv	-	9,09%	9,09%
passiv	22,73%	27,27%	31,82%

In der Kategorie passiv wurden die Momente, in denen jemand nicht im Bild war weggelassen.

Tab. 21: Gestik des Sprechers und Hörers in Großbritannien

11.5.3 Körperpositur

Der Sprecher wendet sich in diesem Gespräch mit seinem Oberkörper und Gesicht immer der Person zu, die er gerade anspricht. Der Körperhaltung ist zu entnehmen, dass das Gespräch zu Beginn noch aus drei Teilnehmern bestand, ab dem aufrechten Hinsetzen von Spencer in Zeile elf nur noch aus zwei Gesprächsteilnehmern. Dadurch, dass Spencer sich aufrecht hinsetzt und sich komplett Lynne zuwendet, vergrößert sich der räumliche Abstand zwischen Sunita und Spencer und sie gehört nicht mehr richtig zur Gesprächsrunde dazu.

Abb. 6: Big Brother Großbritannien 2002 2002 Körperpositur (a)

Abb. 7: Big Brother Großbritannien Körperpositur (b)

Die Gesprächsteilnehmer, sowohl der Sprecher als auch der Hörer, schauen ihrem sprechenden beziehungsweise zuhörenden Gegenüber immer in das Gesicht. In Bezug auf die Bewegungen des Oberkörpers sind die Teilnehmer sehr passiv. Nur 13,23% der Hörer bewegen sich während der Unterhaltung mit ihrem Oberkörper, ansonsten werden eher die Arme und Hände genutzt. Die Körperpositur ist während des gesamten Turns sehr ausgeglichen und sagt nichts über ein anstehendes Turn-Taking aus.

Sprecher

Passiv	Turn-Anfang	Turn-Mitte	Turn-Ende	Gesamt
Oberkörper nach vorne Richtung Hörer gebeugt	15,56%	17,78%	11,11%	44,45%
Oberkörper nach hinten gebeugt	2,22%	2,22%	2,22%	6,66%
aufrecht auf dem Sofa sitzend	4,44%	2,22%	2,22%	8,88%
mit dem Oberkörper auf dem Sofa liegende	8,89%	8,89%	6,67%	24,45%
Aktiv				
Oberkörper nach hinten lehnend	2,22%	2,22%	2,22%	6,66%
Oberkörper nach vorne Richtung Hörer lehnend	-	-	2,22%	2,22%
aufrecht Hinsetzen	-	-	2,22%	2,22%
Anlehnen	-	-	2,22%	2,22%
nicht im Bild	-	-	2,22%	2,22%
Gesamt	33,33%	33,33%	33,32%	

Hörer

Passiv	Turn-Anfang	Turn-Mitte	Turn-Ende	Gesamt
Oberkörper nach vorne Richtung Hörer gebeugt	19,7%	19,7%	19,7%	59,1%
Oberkörper nach hinten gebeugt	1,52%	1,52%	1,52%	4,56%
aufrecht auf dem Sofa sitzend	3,03%	3,03%	3,03%	9,09%
mit dem Oberkörper auf dem Sofa liegende	7,58%	7,58%	7,58%	22,74%
Aktiv				
Oberkörper nach hinten lehnend	-	-	-	
Oberkörper nach vorne Richtung Hörer lehnend	-	-	-	
aufrecht Hinsetzen	-	-	-	
Anlehnen	-	-	-	
nicht im Bild	1,52%	1,52%	1,52%	4,56%
Gesamt	33,35%	33,35%	33,35%	

Tab. 22: Körperpositur des Sprechers und Hörers in Großbritannien

11.6 Funktionsstörungen
11.6.1 Anzahl der Overlaps

Im gesamten Gespräch gibt es sieben Overlaps, von denen jeweils drei von Sunita und Spencer sowie einer von Lynne kommt. Dass Lynne auf nur einen Overlap kommt, könnte unter anderem daran liegen, dass sie den höchsten Redeanteil hat und somit nicht dazwischen reden muss und sich selbst natürlich nicht dazwischen reden kann.

11.6.2 Art der Overlaps

Die Arten der Overlaps sind relativ ausgeglichen. Durch das hohe Redetempo ist es auch völlig normal, dass die weniger störenden Simultanstarts und Terminal Overlaps so stark vertreten sind. Die konkurrierenden Overlaps, die einen Anteil von 42,86% der

Zeile	Art des Overlap
2	Konkurrierend
3	Konkurrierend
4	Simultanstart
5	Simultanstart
7	Konkurrierend
8	Terminal Overlap
11	Terminal Overlap

Tab. 23: Arten der Overlaps in Großbritannien

gesamten Overlaps ausmachen, lassen das Gespräch äußerst chaotisch wirken.

11.6.3 Ort der Overlaps

Die Simultanstarts fallen in den Turn-Anfang, die Terminal Overlaps in das Turn-Ende und die konkurrierenden Overlaps fallen sowohl in die Mitte als auch in das Ende eines Turns. Vor allem der Anfang und das Ende eines Turns sind sehr anfällig für Overlaps, da

Zeile	Ort des Overlap
2	Turn-Mitte
3	Turn-Ende
4	Turn-Anfang
5	Turn-Anfang
7	Turn-Mitte
8	Turn-Ende
11	Turn-Ende

Tab. 24: Verteilung der Overlaps in Großbritannien (a)

hier in vielen Fällen noch nicht klar ist, wer den nächsten Turn ergreifen soll oder weil das nahende Ende eines Turns später einsetzt, als der momentane Hörer und nächste Sprecher es erwartet haben.

Ort	Overlaps
Turn-Anfang	28,57%
Turn-Mitte	28,57%
Turn-Ende	42,86%

Tab. 25: Verteilung der Overlaps in Großbritannien (b)

11.6.4 Dauer der Overlaps

Die Länge der Overlaps variiert sehr stark. Besonders auffällig ist die Dauer des Simultanstarts, die hier aus dem Rahmen fällt, da das gleichzeitige Starten eines Turns in den meisten Fällen von sehr kurzer Dauer ist. Die 2,4 Sekunden zeigen, dass um diesen Turn lange gekämpft wurde. Die Terminal Overlaps liegen mit ihrer Länge von 0,3 Sekunden im Bereich des Normalen. Auch die konkurrierenden Overlaps fallen in ihrer Dauer äußerst unterschiedlich aus. Vor allem der Overlap in Zeile sieben ist mit seiner Länge von 2,8 Sekunden sehr auffällig. Die vielen Overlaps in diesem Gespräch, die zum Teil auch sehr lang ausfallen, sind auf das hohe Sprechtempo des Gesprächs zurückzuführen. Ein anstehender Sprecherwechsel ist schwer zu erkennen und es ist schwierig, den nächsten Turn zu ergreifen, da um diesen zwei Leute konkurrieren.

Art des Overlap	Dauer (sec.)	Art des Overlap	Dauer (sec.)
Konkurrierend	1,0	Simultanstart	2,4
	0,2		2,4
	2,8	Gesamt	4,8
Gesamt	4,0	Durchschnitt	2,4
Durchschnitt	1,3		
Terminal Overlap	0,3		
	0,3		
Gesamt	0,6		
Durchschnitt	0,3		
Gesamt			
Pausenlänge:	9,4		
durchschnittliche Pausenlänge:	1,34		

Tab. 26: Pausenlänge und Pausenverteilung in Großbritannien

11.7 Reparatur-Mechanismen

In diesem Gespräch gibt es eine Selbstkorrektur, die von Sunita in Zeile zwei innerhalb des eigenen Turns durchgeführt wird. Hier wird „I like" zu „I'll give" umgewandelt. Ansonsten sind in dem Gespräch weder Selbst- noch Fremdkorrekturen zu finden.

12. Vergleich Deutschland und Großbritannien
12.1. Turns
12.1.1 Anzahl der Turns

Da der Untersuchung Gespräche unterschiedlicher Länge zugrunde liegen, ist die Analyse des längeren deutschen Textes etwas ausführlicher möglich. Außerdem sind die elf Turns der englischen Unterhaltung auf drei Personen aufgeteilt und die 27 Turns des deutschen Gesprächs verteilen sich auf zwei Gesprächsteilnehmer. Die drei Teilnehmer des englischen Gesprächs stellen damit ein vielfältigeres Untersuchungsmaterial auf Grund der drei verschiedenen Individuen dar.

12.1.2 Länge der Turns

Die Länge der Turns sowie die Sprechgeschwindigkeit scheinen in beiden Gesprächen sehr ähnlich auszufallen. Sowohl die Engländer, als auch die Deutschen kommen auf 4,9 Wörter pro Sekunde, wobei der Schnitt im englischen Gespräch etwas höher sein müsste, da dort einige Wörter unverständlich waren. Allerdings würden diese Wörter den Durchschnittswert nur minimal nach dem Komma verändern. Die durchschnittliche Länge der Turns ist in Deutschland mit 19,1 Wörtern jedoch etwas länger, denn die Engländer packen nur durchschnittlich 15,6 Wörter in einen Turn.

	Ø Wörter pro Turn	Wörter pro Sekunde
Deutschland	19,1	4,9
Großbritannien	15,6	4,9

Tab. 27: Vergleich der Turn-Länge

12.2 Turn-Taking
12.2.1 Rule-Set

Die Vermutung, dass im englischen Gespräch auf Grund der drei Gesprächsteilnehmer die Turnzuweisung durch den momentanen Redner dominiert, trifft hier wider Erwarten nicht zu. Obwohl bei einem Turn-Taking zwei Personen den nächsten Turn ergreifen können, wird dieser nicht durch eine turnzuweisende Technik des momentanen Redners einem bestimmten nächsten Redner zugewiesen. Diese Technik ist in dem deutschen Gespräch nicht notwendig, da bei einem Sprecherwechsel immer nur ein nächster Redner zur Auswahl steht. Im englischen sowie deutschen Gespräch sticht der besonders hohe Anteil der Selbstauswahl durch den nächsten Redner ins Auge. Dieser liegt in Deutschland bei 77,8% und in Großbritannien bei 72,7%. Auch die Turnzuweisung durch den momentanen Redner ist in Deutschland und Großbritannien sehr ähnlich. In den untersuchten Gesprächen wenden in Deutschland 16,7% und in Großbritannien 18,2% der Sprecher die Technik der Fremdauswahl in ihren Turns an. Die Arten der Verteilung des Rederechts sind demnach sowohl in Deutschland als auch in Großbritannien sehr unausgeglichen und es wird die Selbstauswahl durch den nächsten Redner bevorzugt, was häufig zu Overlaps am Anfang eines neuen Turns führen kann.

	Gesprächsbeginn	Selbstauswahl durch den nächsten Sprecher	Fremdauswahl durch den momentanen Sprecher
Deutschland	9,1%	72,7%	18,2%
Großbritannien	5,6%	77,8%	16,7%

Tab. 28: Das Rule-Set im Vergleich

12.2.2 Turneinleitende Floskeln

Um Zeit zum Nachdenken über den genauen Inhalt des folgenden Turns zu gewinnen, nutzen die Sprecher bestimmte inhaltslose Floskeln zur Einleitung eines Turns. So hat die Person sich den nächsten Turn vorerst gesichert, hat aber inhaltlich noch nichts von sich gegeben. Diese Turns ähneln sich im Deutschen und Englischen stark.

Deutschland	Ja also	Ja aber	Aber Karim
Großbritannien	Well	Actually	Wait a minute

Tab. 29: Vergleich der turneinleitenden Floskeln

Im deutschen Gespräch wurde zur Einleitung des Turns auf Floskeln wie „Ja aber", „Aber Karim" und „Ja also" zurückgegriffen. Diese Turns sagen inhaltlich nichts aus, sichern dem folgenden Redner aber zunächst den Turn. Genauso funktioniert es im englischen Sprachraum, nur dass hier Floskeln wie „Well",

„Actually" und „Wait a minute" genutzt werden. Auch diese Phrasen leiten die Turns ausschließlich ein, ohne wirklich etwas ausgesagt zu haben. Bis auf die Wahl der Wörter gibt es somit keinen großen Unterschied zwischen den beiden Ländern und deren Nationalitäten.

12.3 Pausen

In der Pausensetzung sind in Deutschland und Großbritannien große Unterschiede zu erkennen. Vor allem innerhalb des Turns setzen die Deutschen mit 73,3% mehr Pausen als die Engländer (25%). Deren Pausen fallen mit 50% vor allem auf die TRPs, die bei den Deutschen nur 20% ausmachen. Da insgesamt 75% der Pausen in Großbritannien an einem TRP und an der Stelle eines Turn-Taking zu finden sind, kann man die gesetzten Pausen als einen deutlichen Hinweis auf ein anstehendes Turn-Taking sehen. In Deutschland sollte man sich hingegen nicht zu sehr auf die Setzung der Pausen verlassen, da hier vor einem Turn-Taking und einem TRP nur in 26,7% der Fälle eine Pause zu finden ist. Allerdings ist auch zu erkennen, dass die Sprecherwechsel im deutschen Gespräch fließender zu sein scheinen, da hier nur 6,7% der Pausen anfallen. In der englischen Unterhaltung fallen an einem Übergang zwischen den Turns ein Viertel der Pausen an. Interessant ist auch, dass im

	Turn-Taking	TRP	Im Turn
Deutschland	6,7%	20%	73,3%
Großbritannien	25%	50%	25%

Tab. 30: Vergleich der Pausenverteilung

englischen Gespräch keine Mikropausen auftreten, diese in Deutschland jedoch 26,7% ausmachen. Dafür haben die Pausen in Großbritannien ihren Fokus mit 75% auf der Kategorie zwei. Sehr lange Pausen der Kategorie 3 sind in beiden Gesprächen vertreten, kommen in Deutschland aber häufiger vor als in Großbritannien. In Großbritannien sind die Pausen somit hauptsächlich auf die mittlere Kategorie konzentriert, während die Pausenlänge im deutschen Gespräch doch relativ ausgeglichen ist.

	1 (< 0,2 sec.)	**2** (0,2 sec.-0,7 sec.)	**3** (> 0,7 sec.)
Deutschland	26,7%	40%	33,3%
Großbritannien	-	75%	25%

Tab. 31: Pausenlänge im Vergleich

12.4 Intonation

Im Gegensatz zum deutschen Gespräch beginnt der Turn in der englischen Unterhaltung häufig mit einer steigenden Intonation, wovon wiederum 80% in einen Overlap fallen. Die steigende Intonation könnte an dieser Stelle folglich aus dem Overlap entstanden sein. Auffällig im deutschen Gespräch ist, dass die Intonation sich zu Beginn eines Turns nicht auffällig verändert. Die Sprecher bleiben auf der Tonhöhe des Turns des vorherigen Redners und fallen somit nicht aus dem Rahmen.

Sowohl im deutschen als auch im englischen Gespräch kommt es zu Ausnahmefällen in der Intonation, die in keine der drei von Friederike Kern (2007) definierten Kategorien einzuordnen sind. In der Unterhaltung zwischen den Engländern liegen diese bei 27,27%, bei den Deutschen kommen die Ausnahmen auf 23,08%. Auf Grund der geringen Anzahl von Abweichungen in Deutschland, ist die Intonation dort als ein wichtiger Hinweis auf ein anstehendes Turn-Taking zu sehen. Dort stimmt eine fallende Intonation am Ende eines Turns in allen untersuchten Fällen mit einem Turn-Taking überein. Eine Ausnahme bildet hier jedoch Zeile 16. Dort wurde der Satz weder inhaltlich noch grammatikalisch ausgeführt, weshalb dem Hörer klar sein sollte, dass an dieser Stelle noch kein Turn-Taking geplant ist. Auch in Großbritannien stimmen alle Turns, die mit einer fallenden Intonation enden, mit einem Turn-Taking überein. Die beiden Ausnahmen, in der die Intonation in die Mitte eines Turns fällt, sind auf das Ende eines Overlaps zu führen.

Sowohl in Großbritannien als auch in Deutschland bildet die Intonation einen wichtigen Bestandteil des Turn-Taking und hilft den Gesprächsteilnehmern bei der Planung und Ausführung ihrer Turns und Turn-Takings. In den beiden

Ländern gibt es hier keine gravierenden Unterschiede und es müssen keine kulturell bedingten Abweichungen beachtet werden.

12.5 Nonverbale Merkmale
12.5.1 Mimik

In der Mimik beziehungsweise Blickrichtung unterscheiden sich die beiden Unterhaltungen der Engländer und Deutschen sehr stark. Während in Deutschland der Blick des Sprechers am Ende eines Turns immer auf dem Gesicht des Hörers verweilt, geschieht dies im englischen Gespräch nur in 87,5% der Fälle. In Großbritannien gilt die Blickrichtung als kein so deutlicher Hinweis auf einen anstehenden Sprecherwechsel, wie es in Deutschland der Fall ist. Natürlich ist auch in Deutschland nicht bei jedem Blick in das Gesicht des Hörers ein Sprecherwechsel zu erwarten, aber zumindest endet ein Turn immer auf diese Weise, was im englischen Gespräch nicht der Fall ist. Hier muss dem Hörer und nächsten Redner am Ende eines Turns nicht unbedingt ins Gesicht geblickt werden.

12.5.2 Gestik

Sowohl im deutschen als auch im englischen Gespräch ist die Gestik der Sprecher in der Mitte des Turns am ausgeprägtesten, was als eine Art Spannungskurve gesehen werden kann. Auffällig ist die Aktivität am Ende des Turns, die im deutschen Gespräch noch bei 14,29% liegt und in der englischen Unterhaltung auf Null zurückgeht. In Großbritannien ist das Beenden der Gestiken somit ein deutliches Zeichen für ein anstehendes Turn-Taking. Aber auch in Deutschland ist zu erkennen, dass die aktiven Gestiken sich von 16,67% in der Mitte des Turns auf 14,29% am Ende des Turns reduzieren. Allerdings ist diese Verringerung der Aktivität sehr gering und als Hinweis auf ein anstehendes Turn-Taking kaum zu erkennen. In Deutschland sollte man sich bei der Kennzeichnung eines anstehenden Sprecherwechsels also mehr auf andere Arten von Hinweisen konzentrieren.

Auch bei den Hörern ist ein deutlicher Unterschied zu erkennen. In Deutschland sind die Zuhörer komplett passiv in ihrer Gestik und konzentrieren sich ausschließlich nur auf das Zuhören. In Großbritannien hingegen ist zu erkennen, dass die Hörer in der Mitte und am Ende des Turns eine Aktivität von je 9,09% der gesamten Gestiken erreichen. Dies lässt erkennen, dass sie bereit sind, den nächsten Turn zu ergreifen und der Sprecher wird darauf aufmerksam gemacht, dass er seinen Turn langsam beenden sollte.

	Turn-Anfang	Turn-Mitte	Turn-Ende
Deutschland	7,14%	16,67%	14,29%
Großbritannien	20,83%	37,5%	-

Tab. 32: Aktivität in Gestik der Sprecher im Vergleich

	Turn-Anfang	Turn-Mitte	Turn-Ende
Deutschland	23,81%	21,43%	16,67%
Großbritannien	8,33%	4,17%	29,17%

Tab. 33: Passivität in Gestik der Sprecher im Vergleich

	Turn-Anfang	Turn-Mitte	Turn-Ende
Deutschland	-	-	-
Großbritannien	-	9,09%	9,09%

Tab. 34: Aktivität in Gestik der Hörer im Vergleich

	Turn-Anfang	Turn-Mitte	Turn-Ende
Deutschland	28,57%	35,71%	35,71%
Großbritannien	22,73%	27,27%	31,82%

Tab. 35: Passivität in Gestik der Hörer im Vergleich

12.5.3 Körperpositur

Die Untersuchungen der in aktiv und passiv unterteilten Körperpositur fallen im englischen und deutschen Gespräch sehr ähnlich aus. Im englischen Gespräch macht der aktive Teil der Körperpositur beim Sprecher einen Anteil von 13,32% aus, im deutschen Gespräch hingegen nur 3,94%. In Großbritannien ist der Sprecher am Ende eines Turns am aktivsten, in Deutschland hingegen eher am Anfang eines Turns, wobei die Unterschiede auf Grund der geringen Aktivität des Sprechers in der deutschen Unterhaltung kaum zu erkennen sind. Des Weiteren ist im deutschen Gespräch zu erkennen, dass sowohl die aktive als auch die passive Körperpositur während des gesamten Turns relativ ausgeglichen ist und somit nicht auf ein anstehendes Turn-Taking hinweist. In Großbritannien hingegen ist zu erkennen, dass die Aktivität zum Ende eines Turns beim Sprecher zunimmt, indem er sich weiter nach hinten oder vorne beugt. Diese Zeichen können als ein Hinweis auf einen anstehenden Sprecherwechsel gesehen werden.

Die Hörer des englischen und deutschen Gesprächs sind jeweils absolut passiv, da sie während des gesamten Turns ihre Körperpositur nicht verändern. Daraus lässt sich schlussfolgern, dass die passive Körperpositur durchgängig unveränderlich ist. Das heißt, jemand der sich bereits am Anfang des Turns zum Sprecher vorgebeugt hat, nahm diese Haltung des Oberkörpers auch noch in der Mitte und am Ende des Turns ein. Der Hörer macht mit seiner Körperhaltung des Oberkörpers demnach nicht darauf aufmerksam, dass er den nächsten Turn ergreifen will. Ausschließlich in Großbritannien kann die abnehmende Aktivität des Sprechers am Ende eines Turns auf ein anstehendes Turn-Taking hinweisen.

	Turn-Anfang	Turn-Mitte	Turn-Ende
Deutschland	1,58%	1,57%	0,79%
Großbritannien	2,22%	2,22%	8,88%

Tab. 36: Aktivität in Körperpositur der Sprecher im Vergleich

	Turn-Anfang	Turn-Mitte	Turn-Ende
Deutschland	30,71%	31,49%	31,49%
Großbritannien	31,11%	31,11%	22,22%

Tab. 37: Passivität in Körperpositur der Sprecher im Vergleich

	Turn-Anfang	Turn-Mitte	Turn-Ende
Deutschland	0%	0%	0%
Großbritannien	0%	0%	0%

Tab. 38: Aktivität in Körperpositur der Hörer im Vergleich

	Turn-Anfang	Turn-Mitte	Turn-Ende
Deutschland	30,28%	30,28%	31,19%
Großbritannien	31,83%	31,83%	31,83%

Tab. 39: Passivität in Körperpositur der Hörer im Vergleich

12.6 Funktionsstörungen
12.6.1 Anzahl der Overlaps

Als Untersuchungsgrundlage dienen mir im deutschen Gespräch 18 Overlaps und im englischen Gespräch sieben. Die geringere Anzahl der Overlaps im englischen Gespräch ist auf den deutlich kürzeren Gesprächsausschnitt zurückzuführen. Zusätzlich kommen im deutschen Gespräch auf eine Sekunde weniger Overlaps. Dieser Unterschied liegt zwar bei nur 0,03 Overlaps pro Sekunde, macht sich bei dieser Länge aber bereits bemerkbar.

12.6.2 Art der Overlaps

Im deutschen Gespräch dominieren die konkurrierenden Overlaps mit 61,1% besonders stark gegenüber den anderen Arten von Overlaps. Im englischen Gespräch machen sie dagegen nur 42,7% aus und nehmen in Relation zu den anderen Formen eine weniger stark ausgeprägte Sonderstellung ein. Continuers gibt es sogar nur im deutschen Gespräch (27,8%). Die englische Unterhaltung ist stärker geprägt durch Simultanstarts und Terminal Overlaps, die zusammen einen Anteil von 57,2% ausmachen. Durch den hohen Anteil der Simultanstarts und Terminal Overlaps in der englischen Unterhaltung ist zu erkennen, dass das Turn-Taking hier nicht ganz so reibungslos abläuft wie in der deutschen Unterhaltung. Der geringere Anteil der Continuers in Großbritannien im Vergleich zu Deutschland könnte auf regionale Unterschiede zurückgeführt werden, da Einwürfe in laufende Turns im nördlicheren Lebensraum weniger geläufig sind und als unhöflich gelten.

	Simultanstart	Terminal Overlap	Continuers	Konkurrierende Overlaps
Deutschland	-	11,1%	27,8%	61,1%
Großbritannien	28,6%	28,6%	-	42,7%

Tab. 40: Arten der Overlaps im Vergleich

12.6.3 Ort der Overlaps

Die Verteilung der Overlaps fällt in dem deutschen und englischen Gespräch sehr unterschiedlich aus. In der deutschen Unterhaltung sind die Overlaps mit 43,75% hauptsächlich in der Mitte der Turns zu finden, während in

Großbritannien der Fokus mit 42,86% auf dem Turn-Ende liegt. Auffällig ist, dass im deutschen Gespräch 18,75% der Overlaps nach einer Pause auftreten, was in Großbritannien überhaupt nicht vorkommt. Die restlichen Overlaps der englischen Unterhaltung verteilen sich mit je 28,57% auf den Turn-Anfang sowie auf die Turn-Mitte.

	Turn-Anfang	Turn-Mitte	Turn-Ende	Nach einer Pause
Deutschland	12,5%	43,75%	25%	18,75%
Großbritannien	28,57%	28,57%	42,86%	-

Tab. 41: Orte der Overlaps im Vergleich

Der hohe Anteil der Overlaps im deutschen Gespräch in der Mitte der Turns ist auf die hohe Anzahl von Continuers zurückzuführen, die hauptsächlich in der Mitte eines Turns auftreten. Da es in der englischen Unterhaltung keine Continuers gibt, fallen in der Turn-Mitte weniger Overlaps an und es gibt dafür verhältnismäßig mehr Terminal Overlaps, Simultanstarts und konkurrierende Overlaps.

12.6.4 Dauer der Overlaps

Die durchschnittliche Dauer der Overlaps ist mit 1,34 Sekunden pro Overlap im englischen Gespräch länger als in der deutschen Unterhaltung, wo sie nur 1,04 Sekunden beträgt. Da in Deutschland verstärkt Continuers auftreten, die deutlich kürzer sind als die übrigen Overlaps, wird in der deutschen Unterhaltung die durchschnittliche Länge der Overlaps reduziert. Vergleicht man die konkurrierenden Overlaps miteinander, so sind die deutschen Overlaps mit einer durchschnittlichen Länge von 1,49 Sekunden länger als die englischen mit einer durchschnittlichen Dauer von 1,3 Sekunden. Sehr auffällig in der Länge sind im englischen Gespräch die Simultanstarts, die es auf eine durchschnittliche Länge von 2,4 Sekunden bringen und im deutschen Gespräch gar nicht vorkommen.

	Continuers	Simultanstart	Terminal Overlap	Konkurrierender Overlap	Insgesamt
Deutschland	0,42 sec.	-	0,1 sec.	1,49 sec.	1,04
Großbritannien	-	2,4 sec.	0,3 sec.	1,3 sec.	1,34

Tab. 42: Durchschnittliche Dauer der Overlaps im Vergleich

12.7 Reparatur-Mechanismen

Auf die Unterschiede zwischen den Arten der Reparaturen kann ich hier leider nicht ausführlich eingehen, da es in beiden Gesprächen zu wenige Korrekturen gibt.

Sowohl im deutschen als auch im englischen Gesprächen gibt es eine Selbstkorrektur innerhalb eines Turns, die von niemandem unterbrochen und einfach hingenommen wird. Der Zuhörer geht in der englischen sowie deutschen Unterhaltung im Anschluss an die Korrektur nicht mehr auf diese ein.

Fremdkorrekturen kann ich leider nicht miteinander vergleichen, da diese nur in der deutschen Unterhaltung vorkommen.

Beispiele:

Selbstkorrektur innerhalb des Turns aus Big Brother Deutschland 2004:

23meinung also [so empfinde ich d ja aber so habe ich das noch nicht wahrgenommen ich hab das nicht wahrgenommen] das du ne meinung [hast

Selbstkorrektur innerhalb des Turns aus Big Brother Großbritannien 2002:

2Su: [no no all my baccy 'cause I like fucking but I'll I'll [give you baccy

13. Fazit

Es gibt Punkte, in denen sich die deutschen und die englischen Gespräche nicht unterscheiden und in denen man sich demnach nicht an Sprechgewohnheiten des fremden Landes anpassen muss. Hierzu zählt, dass sowohl in Deutschland als auch in Großbritannien das Prinzip der Selbstauswahl des nächsten Sprechers dominiert. In beiden Ländern wählen sich die Sprecher des folgenden Turns selbst aus und werden nicht durch den momentanen Sprecher bestimmt. Außerdem ist es üblich, dass diese Turns in beiden Ländern mit einleitenden Floskeln eröffnet werden, die sich sehr ähneln. Diese turn-eröffnenden Phrasen werden ausschließlich zum Gewinnen von Zeit zur Vorbereitung der folgenden Aussage genutzt und haben inhaltlich keine Bedeutung. Auch die Intonation, die in beiden Ländern in gleicher Art und Weise als ein Hinweis auf ein anstehendes Turn-Taking genutzt wird, bildet in Deutschland und Großbritannien eine wichtige Grundlage für den Sprecherwechsel. Hier muss sich bei der Zusammenkunft deutscher und englischer Gesprächsteilnehmer ebenfalls an kein landesspezifisches Schema angepasst werden.

Doch trotz der geografischen Nähe zwischen Deutschland und Großbritannien gibt es kulturelle Unterschiede, die die Kommunikation zwischen den Bewohnern dieser beiden Länder schwierig gestalten können. Damit es zu keinen Schwierigkeiten im Kommunikationsprozess kommt, sollte man im Bezug auf den Sprecherwechsel auf bestimmte Regeln achten.

Da Pausen in Großbritannien größtenteils an TRPs und Orten des Turn-Takings auftreten, sind diese dort als ein Hinweis auf einen Sprecherwechsel zu sehen. Die Deutschen sollten somit beachten, dass sie ihre Pausen, wenn sie sich mit Engländern unterhalten, nicht mitten in einen Turn setzen, sondern gezielt an die Stellen der TRPs und an ein Turn-Taking. Allerdings könnte es zu störenden Unterbrechungen des Gesprächs kommen, da Engländer die Pausen als einen Hinweis auf ein anstehendes Turn-Taking sehen. Andererseits sollten die Engländer in einer deutschen Unterhaltung nicht zu viel Wert auf die

Pausensetzung legen, da diese für die Deutschen irreführend sein könnte und zum Beispiel als ein nicht fließender Übergang zwischen den Turns interpretiert werden könnte.

Ebenfalls wichtig für die Engländer sind die Gestiken, da ihre Bewegungen am Ende eines Turns auf Null zurück gehen. Das Beenden der Hand- und Armbewegungen ist in Großbritannien ein Zeichen für einen anstehenden Sprecherwechsel. In Deutschland sind diese Bewegungen mit dem Turn aber häufig noch nicht beendet, sondern erst einen Deut später. Gleichermaßen wichtig sind im englischen Gespräch die Gestiken der Hörer, die in der Turn-Mitte einsetzen und vom Sprecher als eine Aufforderung zur Beendigung des Turns gesehen werden können. Da der deutsche Zuhörer dem Sprecher während seines gesamten Turns vollkommen passiv zuhört, nimmt die Gestik hier keine besondere Stellung ein. Deswegen sollte in englischen Unterhaltungen immer auf das Beenden der Gestiken des Sprechers sowie auf das Einsetzen der Gestiken des Hörers geachtet werden.

In der Körperpositur sind die Unterschiede zwischen Deutschland und Großbritannien nur klein, bewirken aber dennoch einen Unterschied in der Interpretation. Während die Körperpositur sich in Deutschland im gesamten Verlauf des Turns kaum verändert, steigt sie im Aktivitätslevel in Großbritannien zum Ende des Turns. Diese Zunahme der Aktivität in Großbritannien ist zwar nur gering, kann aber im Gesprächsverlauf als eine Andeutung auf ein anstehendes Turn-Taking gesehen werden, welche die anderen Hinweise unterstützt. Im Verhalten der Hörer gibt es in Bezug auf die Körperpositur zwischen Deutschland und Großbritannien keine Unterschiede, da sich beide durchgehend passiv verhalten.

Ein wichtiges Merkmal für ein anstehendes Turn-Taking ist in Deutschland die Blickrichtung. Während der Blick am Anfang und während des Turns jederzeit im Raum wandern kann, wird er am Ende eines Turns immer wieder auf den Zuhörer gerichtet. In Kombination mit der fallenden Intonation am Ende eines

Turns gelten diese beiden Faktoren in Deutschland als die wichtigsten Hinweise auf ein anstehendes Turn-Taking. In Großbritannien hingegen ist es eher das Beenden der Gestiken, als der zum Zuhörer zurückwandernde Blick, der das Ende eines Turns einleitet.

Bei den Störungen war besonders auffällig, dass Overlaps in Großbritannien hauptsächlich am Ende eines Turns und in Deutschland größtenteils in der Turn-Mitte auftreten. Deren Länge beträgt in Deutschland durchschnittlich 1,04 Sekunden pro Overlap und in Großbritannien sogar 1,34 Sekunden pro Overlap. Erstaunlich ist außerdem, dass die Continuers nur im deutschen Gespräch zu finden sind und die Simultanstarts ausschließlich im englischen Gespräch auftreten. Des Weiteren sind die Simultanstarts und Terminal Overlaps in der englischen Unterhaltung zusammen sehr viel ausgeprägter als die konkurrierenden Overlaps, die im deutschen Gespräch eine sehr große Rolle spielen. Störungen in Form von konkurrierenden Overlaps und vielleicht auch als störend empfundene Continuers, die in Deutschland wichtige Bestandteile eines Gesprächs bilden, sind in Großbritannien kein auffälliger oder stark ausgeprägter Bestandteil von Gesprächen. Konkurrierende Overlaps sind in Großbritannien relativ gesehen nicht so auffällige oder stark ausgeprägte Elemente von Gesprächen. In Deutschland hingegen sind vor allem konkurrierende Overlaps in Unterhaltungen sehr stark vertreten.

Die von mir untersuchten Bereiche der Kommunikation sind jedoch nicht als die einzigen Quellen interkultureller Missverständnisse zu sehen. Hier spielen des Weiteren unterschiedliche Werte und Normen rein, die sich in den Kulturen voneinander unterscheiden. Weitere Ursachen interkultureller Kommunikationsprobleme könnten beispielsweise die religiöse Einstellung, der politische Hintergrund und die historische Entwicklung der unterschiedlichen Kulturen sein.

Allein zwischen Deutschland und Großbritannien sind so viele kulturelle Unterschiede auszumachen, die Einfluss auf den Kommunikationsprozess zwischen Deutschen und Engländern haben. Diese Abweichungen müssen tiefgründiger untersucht werden, damit in der sich immer weiter globalisierenden Welt weniger Missverständnisse zwischen den verschiedenen Ländern auftreten. Vor allem ist es wichtig, die kulturellen Unterschiede im Kommunikationsprozess zwischen möglichst vielen Ländern aufzudecken, damit jeder Mensch die Möglichkeit hat, sich an sein Gegenüber, das einer anderen Kultur entstammt, anzupassen und aufeinander einzugehen.

In der Zukunft sollten vor allem die Kommunikationsstörungen weiter untersucht werden, die in jedem Land anders wahrgenommen werden. So gelten Continuers in den südlichen Ländern als höflich und sind als Pflicht anzusehen, werden in den nördlichen Ländern jedoch eher als unhöflich und störend empfunden. Ebenso sollte untersucht werden, in welchen Ländern Terminal Overlaps und Simultanstarts besonders häufig vorkommen und in welchen diese sogar als eine Übertretung der Normen angesehen werden. Hier ist auch die Stellung der Frau in Ländern wie dem Sudan interessant. Wie weit können diese gehen, wenn sie sich mit ihrem Mann oder einem anderen Familienmitglied unterhalten? Und was wird direkt als eine Gebotsübertretung angesehen?

Eine weitere Forschungsperspektive wäre das Zusammenspiel von Intonation, Blickrichtung, Mimik, Gestik und Körperpositur auf einer größeren Basis von Datenmaterial. So könnte noch genauer auf die Feinheiten eingegangen werden, wann genau diese Eigenschaften eine Änderung im Verlauf des Turns andeuten und wie diese sich in den verschiedenen Ländern unterscheiden.

Ebenfalls ein interessantes Forschungsfeld bietet die Veränderung der kulturellen Eigenheiten in Bezug auf einen Sprecherwechsel. Hier sind die verschiedenen kulturellen Einwirkungen interessant, die unter anderem durch Einwanderer in das Land mit eingebracht werden. Es stellt sich die Frage, ob es Einwirkungen anderer Kulturen gibt, die den Kommunikationsprozess verändern und welche Kulturen sich in welchen Ländern besonders stark durchsetzen und andere Einwandererkulturen dominieren.

14. Literaturverzeichnis

1. Bühler, K.: *Sprachtheorie. Die Darstellungsfunktion der Sprache.* 3. Aufl. Stuttgart: Lucius und Lucius 1999

2. Heilmann, C.M.: *Interventionen im Gespräch. Neue Ansätze der Sprechwissenschaft.* Tübingen: Niemeyer 2002

3. Jefferson, G.: Preliminary notes on abdicated other-correction IN: *Journal of Pragmatics* 39 (2007). S. 445-461

4. Jefferson, G.: Notes on some orderlinesses of overlap onset. IN: *Discourse analysis and natural rhetoric.* D'Urso, V.; Leonardi, P. (Hrsg.), Padua: Clemp Editore. 1984. S.11-38

5. Kern, F.: Prosody as a resource in children's game explanation: Some aspects of turn construction and recipiency IN: *Journal of Pragmatics* 39 (2007), S.111-133

6. Lenke, N.; Lutz, H.D.; Sprenger, M.: *Grundlagen sprachlicher Kommunikation. Mensch, Welt, Handeln, Sprache, Computer.* Stuttgart: Fink 1995

7. Levinson, S.C.: *Pragmatik.* 2. unveränd. Aufl. Tübingen: Niemeyer 1994

8. Mazeland, H.: Sprecherwechsel in der Schule IN: *Kommunikation in Schule und Hochschule.* Ehlich, K.; Rehbein, J. (Hrsg.) Tübingen: Narr. 1983 S. 77 – 101

9. Ramge, H.: *Alltagsgespräche.* Frankfurt am Main: Verlag Moritz Diesterweg 1978

10. Schegloff, E.A.: On possibles. IN: *Discourse Studies.* Thousand Oaks: SAGE Publications. 2006. S. 141-157

11. Schegloff, E.A.: Accounts of Conduct in Interaction. Interruption, Overlap and Turn-Taking IN: *Handbook of Sociological Theory.* New York: Kluwer Academic/ Plenum Publishers. 2002 . S. 287-321

12. Schegloff, E.A.: Overlapping talk and the organization of turn-taking for conversation IN: *Language in Society* 29:1(2000), S. 1-63

13. Schegloff, E.A.; Sacks, A.H.; Jefferson, G.: A simplest systematics for the organization of turn-taking for conversation IN: *Language,* 50 (1974) S. 696 – 735

14. Searle, J.R.: *Sprechakte. Ein sprachphilosophischer Essay.* Frankfurt am Main: Suhrkamp 1983

15. Schwab, G.: Transna- ein Transkriptions- und Analyseprogramm zur Verarbeitung von Videodaten am Computer IN: *Gesprächsforschung-Online-Zeitschrift zur verbalen Interaktion Ausgabe* 7 (2006)

16. Tiittula, L.: *Wie kommt man zu Wort? Zum Sprecherwechsel im Finnischen unter fremdsprachendidaktischer Fragestellung.* Frankfurt am Main: Verlag Peter Lang 1987

17. Ungeheuer, G.: *Kommunikationstheoretische Schriften I: Sprechen, Mitteilen, Verstehen.*1. Auflage, Aachen: Rader Verlag 1987

18. Ungeheuer, G.: *Einführung in die Kommunikationstheorie. Kurseinheit 2,* Hagen: Fernuniversität-Gesamthochschule-Hagen 1983

19. Ungeheuer, G.: *Sprache und Kommunikation.* 2. erweiterte Auflage, Hamburg: Helmut Buske Verlag 1972

20. Weinrich, L.: *Verbale und nonverbale Strategien in Fernsehgesprächen.* Tübingen: Niemeyer 1992

Appendix

Deckblatt des Gesprächsinventars

Gesprächsname:	Big Brother Deutschland (2004)
Dauer der Aufnahme:	105 Sekunden
Aufnahmeort:	Im Garten des Container-Hauses.
SprecherInnen:	Karim (K), Nicole (N)
Aufnahme liegt vor als:	Videodatei (MPEG)
Kurzbeschreibung:	Ein klärendes Gespräch zwischen zwei Personen.
Transkribentin:	Christiane Kaiser

1K: ich [hab das gefühl ich hab]

2N: [wenn ich mich mit einem] menschen so [offen] und ehrl[ich] unterhalte dann denke ich auch einfach mal wir uns dabei in de augen schauen sollten

3K: [jaah]   [ja]

4K: ja also belehren brauchst du mich nicht aber natürlich ich schau dir gern in die augen

5N: okay

6K: ja (0.3s) also ich hab das gefühl dass du falsch bist

7N: °mh

8K: da wollt ich dir sagen dass für mich (.) das beste (0.7s) wäre weil ich weil weil ich halt dieses gefühl habe

9dass du unecht ich fühl mich unwohl dass wir uns aus dem weg gehen (1.8s)

10N: °gut das akzeptiere ich ja einfach mal so ↑ich finde deine verhaltensweise mir gegenüber einfach (0.8s)

11   [absolut (1.3s) ↑primitiv scheiße find ich] absolut [übelst

12K: [ist dein gutes recht des so zu sehen]   ja okay

13N: für mich ist das nicht so [ehm] dass ich ne show abziehe ich finde du ziehst jetzt gerade hier ne ziemlich heftige show ab

14K: [ja ↓gut]

15K: es is is einfach s so dass ich dich als (unecht) empfinde

16N: aber karim du kannst doch nicht ↓weisst du eigentlich wie verletzend das ist wenn man zu einem menschen sagt (0.7s) er ist ↑falsch

17K: mit sicherheit aber ich bin bin [↑und ich bin der letzte] mensch der sich nicht dafür entschul[digt aber aber ich ich ↑they]

18N: [weißt du was für mich]   [Weißt du was]

19N: aber karim ich akzeptier dich (.) so bockig wie du bist [(0.5s) ↑und du bist] bockig und du bist n [schwieriger mensch

20K: [ja und und wenn]   [↑aber so bin ich (.) genau (.) ↓so bin ich

21N: ja aber ich akzeptier dich so wie du [bist]und trotzdem kann ich offen und ehrlich zu meiner meinung stehen und [zu meiner (0.7s) und]

22K: [ja]   [↑ja aber ich du hast keine]

23meinung also [so empfinde ich d ↑:::ja aber so habe ich das noch nicht wahrgenommen ich hab das nicht wahrgenommen] das du ne meinung [hast

24N: [↑ich habe ne ganz schön ↑heftige meinung ↓ich hab ne ganz schön heftige meinung]   [↓doch

25K: ich beobachte halt weißt du und und ich hab keine meinung festgestellt so wie ich wie ich das akzeptieren muss wie wie du bist (1.2s)

26↓genauso [und und] ↑aber ich hab das [gefühl] dass bist nicht [du

27N: [ja aber]   [das]   [ja aber das seltsame ist dass du extrem damit n problem hast

28 wo ich dir nie irgendwas getan hab (.) weißt du

29K: ↓nein das [ist ja nicht so

30N: [↓das das ist ja total komisch

31K: nein ich hab ↑ich hab das gefühl dass du hier alle anscheisst (0.9s) das ist ja das ding

32N: ↓karim das ist echt heftig

Deckblatt des Gesprächsinventars

Gesprächsname: Big Brother Großbritannien (2002)

Dauer der Aufnahme: 35 Sekunden

Aufnahmeort: Im Wohnzimmer des Container-Hauses.

SprecherInnen: Sunita (Su), Spencer (Sp), Lynne (Ly)

Aufnahme liegt vor als: Videodatei (MPEG)

Kurzbeschreibung: Unbedeutendes Geschwätz zum Zeitvertreib.

Allgemeine Bemerkungen: Lynne hat einen sehr starken schottischen Akzent.

Transkribentin: Christiane Kaiser

1Sp: your bed and your baccy (0,5s.) and [a pack of chewing gum↓
2Su: [no no all my baccy 'cause I like fucking but I'll I'll [give you baccy
3Sp: [↑if I will give you the money when you wanna afterwards↓
4Su: [↑I will give you baccy (0.4s.) ↑I will give you baccy↓
5Ly: [↑wait a minute (1,4s) ↓wait a minute you're just gonna actually you're just actally I just gonna come into the bedroom without even asking anybody's
6permission↑(   )If you As long] ↓as that's alright with you then that's fine you're not even going to say anybody else(0,7s) can I come into the [room↓
7Su: [↑that he's gonna c:::ome into the b:::edroom]
8Sp: [do you
9mind if I come into the bedroom
10Ly: ↑actually yeah I do (0,4s.) [cos you stink↑
11Sp: [well tough cos no one else does hahaha it's hypocrisy (0,4s.)
12Ly: no (0,5s.) I'll kick your fucking head in I'll kick your fucking cunt in I'm tellin' ya↑ it's yust fuckin' daen it (2,4s.)↓
13Sp: I'm kicking my cunt in